「信仰生活ガイド」は、月刊誌『信徒の友』に掲載された記事に、新しい文章を加え、キリスト教信仰の「入門書」また「再入門書」として、書籍化するシリーズです。

はじめに

林《はやし》　牧人《まきと》

主のいのりを　ささげましょう
イエスさまからいただいた
主のいのりを
主のいのりを
主のいのりを　ささげましょう　（『こどもさんびか』59番）

毎週水曜日の朝、礼拝堂に教会附属保育園の子どもたちの歌声が響きます。「イエスさまが教えてくださったお祈りをともに唱えましょう」と園長である牧師の導きで、「天にまします我らの父よ」と、礼拝堂全体に子どもたちの祈りが満ちあふれます。

入園式でも、夏のキャンプでも、クリスマス礼拝でも、卒園式でも、そして、日々の保育のただ中でも、主の祈りが響きます。信仰の先達が日本語に訳し、何世代にもわたって祈り継がれてきた主の祈りの環《わ》の中に、子どもたちが自然に連なっているさまを見て、祈りの持つ力そのものに触れる幸いに与《あずか》っています。

顧みて、自分自身もまた、幼い時の祈りの原体験は主の祈りであったことを想い起こします。カトリック教会附属の幼稚園で、毎月第一金曜日にささげた「初金曜日の祈り」。荘厳な御聖堂《おみどう》の暗闇に朝の光が射し込んで、祭壇上の天蓋《てんがい》から吊るされた十字架像を照らします。そのピンと張り詰めた、ひんやりとした空気のただ中で主の祈りを祈りました。対照的に、陽《ひ》の光が射し込んで、さんさんと輝く出身教会の礼拝堂も思い出します。明るさが満ちあふれる日曜日（主日）に祈ったのも、主の祈りでした。

少しく物心つくころになると、「我らに罪をおかす者を　我らがゆるすごとく」との祈りの言葉に、穏やかならざる思いを抱いたりしたことも、主の祈りに結びついた思い出です。

一時、「とりあえず、主の祈りでも祈ろう」といった場面に出くわすと、心がざわつきました。そんないい加減なことでいいのかと。主の祈りが機械的に消費されていくような気がしてならなかったのです。けれども、だいぶ後になってからハタと思い直しました。「とりあえず主の祈り」でもよいのだと。言葉が先走って、人の思いだけが満ちあふれて空回りするような祈りではなく、主がこのように祈りなさいと教えてくださった主の祈りの中にこそ、自分自身も気づかぬような、私たちが祈り求めるべき事柄がしっかりと詰まっているということを示されたのです。

主イエスの弟子たちは「祈りを教えてください」と願いました。「祈るときには、こう祈りなさい」と、それに応える形で、主は「主の祈り」を教えてくださったのです。

日本の福音主義教会（プロテスタント教会）は、その福音宣教のはじめから、どちらかと言えば、既成の文字になった祈りを「形式的」としてあまり評価してこなかったように思います。「書かれた言葉をただ声に出して読み上げるだけの祈りは、本物ではない。『自分の言葉』で祈ることこそが大切なのだ」と（カトリック教会や聖公会などでは「ミサ典礼書」や「祈祷書」といった、書き記された祈りの本を重んじています）。

書き記された「成文祈祷」か、心のままに祈る「自由祈祷」か。この古くて新しい課題は、今なお私たちの教会を性格づける大きな要素としてあるように思います。けれども一方で、「自由祈祷」を重視しているはずの教会で、「自分のような者は祈れない」と言って、主日礼拝において、あるいは祈祷会や集会においても、祈りの当番になるのを避けるようなことも良く目にします。これでは本末転倒です。

福音主義教会では「全信徒祭司性」（万人祭司）ということを重んじてきました。これは、牧師だけではなく、信徒も含む全てのキリスト者が、隣人のために、また世界のために祈りをささげる「執り成しの祈り手」として立てられているという理解です。

この大切な務めを果たすためには、祈りの訓練が不可欠です。日本の福音主義教会の歴史は、未だ百数十年です。最初から完璧な「自由祈祷」を追い求めるのではなくして、教会の二千年の祈りの経験の蓄積にもっと委ねて、大いに学ぶところから始めてはどうでしょう。優れた先達の祈りが文字となって残されています。そしてその大元をさかのぼれば、主イエスが教えてくださった主の祈りにたどり着きます。これこそ、究極の「成文祈祷」であり、私たちの「自由祈祷」を生み出す源です。

宗教改革者のマルティン・ルターが「主の祈りは教会史上最大の殉教者である」と語り、「唱えられるが、祈られることはない」と嘆いたことが記録されています。

人は、たとえ言葉を失うことがあっても、主イエスご自身が教えてくださった主の祈りによって、祈り手として何度でも回復することができます。私たちは、この祈りをただ「唱える」ことから、自分自身を立ち上がらせ、隣人を生かす祈りとして「祈る」ことへと変えていただきましょう。そのために、かつて『信徒の友』誌上に掲載された中から、主の祈りの学びに必要な記事が厳選され、新しい文章も加えられて、一冊にまとめられました。

主が備えてくださった導き手と共に、祈りの訓練へと旅立ちましょう。

（日本基督教団 西新井教会牧師、『信徒の友』編集長）

目次

目　次

装丁・松本七重

本書の引用する聖書は、基本的に『聖書　新共同訳』（日本聖書協会）に準拠しています。

主の祈り

天にまします我らの父よ、
ねがわくはみ名をあがめさせたまえ。
み国を来《きた》らせたまえ。
みこころの天になるごとく
地にもなさせたまえ。
我らの日用《にちよう》の糧を、今日も与えたまえ。
我らに罪をおかす者を　我らがゆるすごとく、
我らの罪をもゆるしたまえ。
我らをこころみにあわせず、
悪より救い出《いだ》したまえ。
国とちからと栄えとは
限りなくなんじのものなればなり。
アーメン。

「主の祈り」とは　1

私たちの祈りの主、復活の主

田邊由紀夫《たなべゆきお》

私がまだ東京神学大学で伝道者となるための訓練を積んでいたころのことです。ある朝、チャペル礼拝で、大木英夫先生が、主の祈りの説教をされました。それは大体こんな趣旨のことでした。

「主イエスは弟子の求めに対して、『祈るときには、こう言いなさい。「父よ、御名が崇《あが》められますように。……」』と言われています。ということは、ここで主イエスは、弟子たちに口伝えで教えたにちがいありません。ちょうど親が幼い子に言葉を教えるように、子どもが親の言葉を口まねして覚えていくように、主イエスが一句一句伝えては、弟子たちが後に続いて復唱したのでしょう」

そして説教の最後に、「今、主イエスから教えていただいているように祈りましょう」と言われ、先生が「天にましますわれらの父よ」と祈られ、それに続いて私たち学生が復唱していったのです。

それは生まれて初めての、忘れがたい体験でした。……そうか、こうやって弟子たちはこの祈りを自分の体に刻んでいったのだろう。私のように物覚えの悪い弟子だったら、きっと何度も言いまちがえ、イエスさまに聞き直したことだろう。

それ以来、私は、努めて、主イエスが教えてくださっている声を思い描きながら、主の祈りを祈るようになりました。主イエスに応えるように、そして主イエスの声と重なるように。

＊

やがて伝道者となり、小さな伝道所に遣わされました。ある朝のこと、年配の女性教会員が息を切らせながら教会に来ました。私の顔を見るなり、「先生、これ読んでください」と一枚の葉書を差し出されました。葉書の主《ぬし》は、その女性が短歌誌上で知り合い、一度も会ったことがないけれども、手紙のやりとりをしているという方でした。その人が病気になったと知ったので、姉妹が、「あなたのために主なる神にお祈りいたします」と書いたところ、その返事が当の葉書だったのです。

そこには、「あなたは私のために祈ってくださるそうですが、私はあなたがうらやましいです。私も祈りたいのですが、祈りを知りません。いったいどう祈ったらよいのでしょう」という内容が書かれていました。差し出し人の住所は、近くの大学病院でした。その姉妹に背中を押され、さっそく病院に行き、恐る恐る病室を訪ねました。

ベッドに横たわっている初対面の女性に、名を名のり、いきさつを説明し、教会の伝道者であることを告げました。すると、まるで私の訪問を待っていたかのように、なんの警戒もとまどいも見せずに、ご自分の身の上話を始められました。聞けば最近夫を亡くし、子どももなく、兄弟もいない、言うなれば天涯孤独な人でした。ある宗教に一時期入信していたこともあったとのことでした。

しばらくお話をした後、聖書を読み、短く説き明かし、そして祈りを献げました。すると、なんとその女性は、私の祈りの言葉をそっくりまねて、ついてくるのでした。それで私も、一句一句区切りながら、その人自身の祈りの言葉になるようにお祈りし、病室を去りました。

＊

それから再び訪問した時にも、同じように、私の祈りをまねて、力を込めて祈り出したのです。あの葉書に書いてあったことはやはり本当だったのです。何とか祈りたい。祈ることを教えてほしい。そういう思いがひしひしと伝わってきました。たどたどしく祈りの言葉をまねていくその声を聴きながら、ゆくりなくもあの弟子たちのことを思い出しました。

そうだった、忘れていた！　私は鞄《かばん》からメモ帳を取り出し、主の祈りの言葉を書き、彼女に渡しました。そして、「これはイエスさまが教えてくださった祈りで……」とその一句一句をごく簡単に説明しました。初心の人にどれだけ通じるか心もとない思いがありました。しかし、私の言葉を熱心に聞き、最後に私の顔をまじまじと見て、「ありがたいことですね」と言われた言葉は忘れられません。

以来その女性は、その紙片を手に、主の祈りを何度も何度も祈るようになりました。枕《まくら》辺《べ》の紙片はまもなくボロボロになっていました。激痛に耐えるため、それを握りしめ、祈り続けていたのでした。そして彼女は、目が霞《かす》む最後の最後まで、主が与えてくださった祈りを祈り続けていました。「悩みの日にわたしを呼べ」（詩篇50・15、口語訳）というみ言葉のとおり、最後の最後まで、主を呼び続けたのでした。

＊

その女性の癌末期の姿は、凄《すさ》まじいものでした。生ける肉・骨・生気が、死の巨大な力によって剝《は》がされ、削り取られていくような様でした。死とは決して静寂なものではない。たとえ春の日ざしの中で静かに息を引き取ったとしても、その死の内奥、実相では、肉が崩れ骨が砕かれる大音響が伴っているにちがいない。巨大な死の岩が陰府《よみ》の入り口を封印し、「生」からの断絶を決定づけようとしている恐ろしいものだ、と直感しました。

伝道者として駆け出しの私は、生まれて初めて死に逝《ゆ》く者と間近に出会い、寄り添う日々を過ごしました。そして、容赦なく刻一刻と陰府に引き入れようとするデモーニッシュな力をまざまざと見せつけられ、「これが死だ！　死なんだ！　これが人間の最後の敵だ！　罪の支払う報酬なのだ！　人間の貧しさの極北の姿だ！」とその時体感しました。そして我々人間の無力さもはっきり思い知らされました。

しかし、その最後の敵、死の諸力に真っ向から対抗して、なんと、主の祈りが祈られていったのです。打ちのめされる思いに晒《さら》されながら、私たちは、最後の最後まで、主の祈りを祈り続けました。

「天にまします我らの父よ！
ねがわくはみ名をあがめさせたまえ！
み国を来《きた》らせたまえ！
みこころの天になるごとく、
　地にもなさせたまえ！

我らの日用の糧を、今日も与えたまえ！
我らに罪をおかす者を
我らがゆるすごとく、
　我らの罪をもゆるしたまえ！
我らをこころみにあわせず、
　悪より救い出《いだ》したまえ！
国とちからと栄えとは
　限りなくなんじのものなればなり！
アーメン！」

＊

私はその女性との出会いを通して、死に直面する我々人間の最後の業は、否、最上の業は祈りにほかならないということを、その時確かに教えられました。私たちが、主イエス・キリストが教え導いてくださった祈りの世界に生きるかぎり、死を迎え撃つことが本当にできるのだと確信しました。

しかし、なぜそこまで断言できるのでしょうか。「結局、死ねばおしまいじゃないか」というこの世の声に抗して、なぜ私たちは、「祈りは聞かれた！　祈りは必ず聞かれる！」と断言できるのでしょうか。

それは、私たちの祈りの第一の聞き手が、復活された生けるキリストだからです。十字架上で、「父よ、彼らをお赦しください。自分が何をしているのか知らないのです」（ルカ23・34）、「父よ、わたしの霊を御手にゆだねます」（同46節）と祈られた方は、十字架につけられしままではなく、父なる神により、墓を出で、復活され、「神の右に座っていて、わたしたちのために執り成してくださる」（ローマ8・34）主なる神なのです。生けるキリストが、私たちの祈りの主なのです。死の封印の巨大な岩を打ち砕き、死の重い扉を打ち開き、死に勝利された方が、私たちに祈りを教え、祈りの世界の扉を開き、「天の父よ！」と呼び叫ぶように招いてくださったのです。

だから、主が教えてくださったこの主の祈りは、決して空しく消えてしまうものではないのです。私たちが主のみ名によって祈る祈りは、宛なく虚空に消えてしまうのではなく、この復活の主が確かに受け取ってくださり、父なる神に確かに届けてくださるのです。

主イエスによって与えられた祈りの世界が、なぜ死の世界に対抗できるのか。それは祈りの世界が復活の世界に繋《つな》がっているからにほかなりません。死に打ち勝ち、墓からよみがえられた主イエス・キリストに結ばれているがゆえに、私たちの祈りは、祈りとしての実力を初めて持つのです。

凄《すさ》まじい勢いで私たち罪人を死界に引きずり込もうとする罪と死の諸力を、破れ口に仁王立ちになって食い止めようとする復活の主イエス・キリストが、私たちの祈りの主にほかならないのです。

「あなたはこれを信じるか」——そう復活の主は全身全霊をもって私たちに問うておられます。いや「あなたはこれを信じて祈れ」と、私たちに渾身《こんしん》の愛をもって語りかけてくださっているのです。アーメン！

（日本基督教団　茨木教会牧師）

「主の祈り」とは　2

主イエスの命がこもった祈り

関《せき》田《た》寛雄《ひろお》

はじめに

教会のいろいろな集会の終わりなどに、「では主の祈りでも祈って終わりにしましょう」という言葉を聞くことがあります。その日の礼拝ですでに主の祈りを祈っているにもかかわらずです。このように主の祈りは集いの「枕」や「しめ」に使われることがあるのではないでしょうか。ルターはそのように祈られる主の祈りを「教会史上の最大の殉教者」と言っています。あまりにも安易にこともなげに祈るたびごとに、主の祈りは殉教している、というわけです。

主の祈りは、主イエスが直接、弟子たちに教えられた祈りであるのみならず、その一つ一つの祈りの言葉の重さに気づかされる時、これは容易ならざる祈りであり、決して殉教させてはならない、主イエスの命のこもった祈りであることがわかります。それゆえこの祈りは「福音の要約」（テルトゥリアヌス）とさえ言われてきたのです。

昔から日本においても、暗い時代の中をこの主の祈りによって生き抜いてきた方々があります。例えば、明治、大正、昭和にわたる伝道者としての生涯を、主の祈りによって綴っておられる安倍豊造《とよぞう》牧師は、一九四二年六月に起こった政府によるホーリネス教会の弾圧と投獄の日々を、「我らを試みにあわせず、悪より救い出したまえ」という主題で語っておられます（『聖霊行伝』キリスト新聞社）。その忍耐と抵抗の痛切な経験は主の祈りに支えられたものでありました。

前出の「私たちの祈りの主、復活の主」と題された証言にもまた、死に勝つ勝利の祈りとしての主の祈りが語られています。主の祈りはすべての祈りの源であります。

一、主の祈りの成立

ご存じのように福音書の中には二つの主の祈りの伝承があります。一つはマタイ6章9―13節であり、もう一つはルカ11章2―4節です。この二つの主の祈りの伝承は内容的にもかなり異なっていますし、背景となる事情も違っています。そもそも主の祈りはどのような事情の下に生まれたのでしょうか。

まずマタイの伝承によりますと、主の祈りは「山上の説教」（5―7章）の中の、祈りについての主イエスの教えの中に組み入れられています。マタイの編集の手が加えられていることは明らかですし、そのスタイルも礼拝において唱えられるにふさわしいものとされています。

他方ルカの伝承によると、「ヨハネが弟子たちに教えたように、わたしたちにも祈りを教えてください」と弟子たちが主に願ったと記されています。その祈りはマタイ版と比べて簡単なもので祈願の数もマタイの六祈願（七と数える教派もあります）に対して、五祈願

マタイによる福音書6・9―13

天におられるわたしたちの父よ、
御名が崇められますように。
御国が来ますように。
御心が行われますように、
　天におけるように地の上にも。
わたしたちに必要な糧を今日与えてください。
わたしたちの負い目を赦してください、
　わたしたちも自分に負い目のある人を
赦しましたように。
わたしたちを誘惑に遭わせず、
　悪い者から救ってください。

ルカによる福音書11・2―4

父よ、
御名が崇められますように。
御国が来ますように。
わたしたちに必要な糧を毎日与えてください。
わたしたちの罪を赦してください、
わたしたちも自分に負い目のある人を
　皆赦しますから。
わたしたちを誘惑に遭わせないでください。

しかありません。このような相違についてどのように考えたらよいでしょうか。

いろいろな解釈が可能だと思いますが、少なくとも主の祈りの起源に関してはルカの伝承が参考になります。当時のユダヤ教の指導者たちは自分の弟子グループに独自の祈りを祈らせたということがあるようですし、バプテスマのヨハネがヨハネグループ独自の祈りを祈っていたことは十分ありえることです。そこで主イエスの弟子たちが、自分たちのグループの独自な指標として、主イエスに祈りを求めたということは考えうることでしょう。

主の祈りの祈願の数の違い、用語の違い、動詞の違いなどをめぐってさまざまな議論があります。しかし今判断できることは、主イエスから出た主の祈りはマタイやルカの属していたそれぞれの教団において、礼拝や教育の活動の中で伝承と発展を続けたということにつきるのではないでしょうか。

ユダヤ人キリスト者を対象とするマタイ福音書ではそれにふさわしく、「天にまします、我らの父よ」との表現をとり、神についての祈り、「御名」「御国」「御心」の三祈願を前半にまとめ、後半の人間についての祈りを「必要な糧」「負い目」「誘惑と悪」（「悪」についての祈りを別個に扱う教派もあります）の三つ（または四つ）にまとめています。その用語や動詞についてもアラム語（イエス時代のユダヤの言葉）の影響が明らかに見られます。

他方、異邦人キリスト者を対象としたルカ福音書ではそれにふさわしく、「父よ」とだけの呼びかけに始まり（原文では、主イエスの神への呼びかけ、「アッバ」のギリシア語訳）、「御心」の祈りはなく、「必要な糧」はマタイの「今日」に対して、ルカでは「毎日与えてください」と連続性を表現しています。そして異邦人にわかりやすいように、「負い目」と「罪」の同一視を明示するのはルカの特徴です。「悪」についての祈りがマタイだけにあるのは、マタイの教団の事情を反映していると言えるでしょう。つまり教団に対する迫害の背景があったということです。

二、主の祈りの性格

主イエスから与えられた祈りが、こうした状況の中で整えられ、現在教会で祈られている主の祈りが成立するにいたります。祈りの各項目はこれから順次詳しく解説されていきますので、ここではまず、この祈りを全体として捉えた場合の特徴的な「性格」を次にお話しすることにいたします。

◉世界を包む祈り

マタイ福音書は、主イエスの祈りについての教えを伝える中で、主の祈りに言及するという形をとっています。

マタイはその教団に対して「施し」「祈り」「断食」という信仰生活の指針を主の教えとして伝えつつ、「祈り」については「偽善者」のようにではなく「密室の祈り」（6・6の「あなた」という単数の呼びかけに注意）をすすめ、また「異邦人」のようにではなく「簡潔な祈り」をすすめています。「彼らのまねをしてはならない」（8節）し、「だから、こう祈りなさい」（9節）と言って、どのように祈るべきかの範例として主の祈りを主は与えておられます。

まず注目したいのは、この祈りがもつ共同性です。「教会」の共同性を重んじるマタイ（16・18、18・17参照。共観福音書においてマタイのみが「教会」に言及）は、その基礎である「過ち」の赦し合いを付加して（6・14―15）、第五祈願の和解と共同性の「心」を強調しています。

しかも同時に、主イエスが「密室の祈り」を強調しておられることを心して受けとめましょう。神の前に「ひとり」になり、「ひとり」祈ることを主は求めています。主の前に「ひとり」になってこそ、「共に」生きることが始まるからです。主の祈りは「ひとり」になって祈る祈りであり、そういう祈りとして「共に」祈る祈りにほかなりません。

主の祈りを貫く「我ら」という言葉に注目いたしましょう。主の祈りは、主の前に立つ「ひとり」によって構成される「我ら」として祈る祈りであります。罪深き「ひとり」が、主イエスのとりなしにより神との交わりに入れられ、そのようなものとして新しく「我ら」に生きるのです。従ってこの「我ら」は敵をも含む「我ら」であり、主の祈りはかくて「世界を包む祈り」（H・ティーリケ）にほかなりません。これが「主の祈りの性格」の第一です。それは「教会の祈り」なのです。

◉終末論的な祈り

今ひとつの「性格」として、その祈りに用いられている動詞の性格（原文では、一回的・

決定的な動作を示す動詞が選ばれています）から、さし迫った状況の中で祈るべき祈りであることが示唆されます。それを主の祈りの終末論的性格と言うことができるでしょう。神の国の到来を切に祈り、「今日」の「糧」のために祈り、「試み」や「悪」に直面しつつ祈る祈りは全存在的な叫びとも言うべき祈りです。

特に最後の「頌栄」、「国とちからと栄えとは　限りなくなんじのものなればなり」は本来、主の祈りの一部ではありませんでしたが、紀元二―三世紀の教会に対するローマ帝国の権力による激しい迫害の中で、付け加えて祈られるようになりました。

これは主の祈りを祈る教会の信仰の告白であり、「国も力も栄えも」皇帝のものでなく、神ご自身のものであるという必然的な祈りなのです。

◉簡潔な祈り

さらに、主の祈りは「くどくどと」祈らない簡潔な「性格」の祈りです。言葉数を多くして何が何でも願いをかなえてもらおうというような祈りは、祈りではなく人間の要求の神への押しつけになります。それゆえこの祈りは、「みこころをなさせたまえ」と神の意思の成就を祈るのです。

しかもそれを簡潔に祈るのは礼拝において共同的に祈るために必要なことでした。ユダヤ教のいちばん短い祈りでも「一八の祈り」（シェモネー・エスレーと言います）と言って主の祈りの三倍以上の長い祈りです。主イエスは礼拝で皆が祈りやすいように簡潔な祈りを教えてくださいました。

主の祈りは「主の」祈りですが、主は「どう祈るべきか」さえ知らない私たちのために「祈り」を与えてくださったのです（ローマ8・26）。聖霊のとりなしによって、主イエスと共にこの祈りを祈り続けましょう。


（日本基督教団　神奈川教区巡回教師）

主の祈り　1　天にまします我らの父よ

まっすぐに神に向かう呼びかけ

一木《いちき》（古郝《こかく》）千鶴子《ちづこ》

誰に向かって祈るのか

人は祈る存在なのだと思います。うれしいとき、悲しいとき、苦しいとき、人は、空を仰ぎ、海を眺め、山を見上げて祈ります。木や石に祈ることもあります。神仏など一切信じないという人でも、人間の限界を思い知らされるとき、心の中で何かに向かって叫んでいるということがあるのではないでしょうか。それは感謝であったり、恨みつらみであったり、願いごとであったりするでしょう。人は、人間とは違う何かに祈る存在なのだとつくづく思います。

イエス・キリストは、そんな私たちに、どこに向かって祈るのか、誰に祈るのかということを教えてくださいました。「天にまします我らの父よ」という呼びかけは、まっすぐに神に向かう呼びかけであり、私たちの祈りが空《むな》しく独り言に終わらないことを教えてくれているように思います。

私たちの祈りを確かに聞いてくださっている方がいるのです。そして、その方は私たちを愛してくださっていて、いつも私たちのことを心にかけ、助けてくださる方です。人間の貧しい言葉では完全に言い表すことはできないけれども、あえてたとえるなら、愛情深い親のように、頼りになる父親のように、私たちの祈りを真剣に、喜んで聞いてくださる神です。

でも、このことは決して当たり前、当然のことではないということを聖書は告げています。幼い子どもが「アッバ」「お父ちゃん」と呼ぶように、私たちが神のことを親しく呼ぶことができる、そんな親しい関係を回復するためにイエス・キリストは十字架の上で命を捨ててくださったというのです。ですから「父よ」という呼びかけの中に、イエス・キリストの救いの出来事のすべてが集約されているのだと思います。罪を裁かれ、滅びるしかなかった私たちが、こんなに親しく、信頼を込めて神に呼びかけることができる、まさに「福音」のすべてがここに集約されているのです。

日本で最初の南極観測隊に参加した夫に、新婚の妻は「あなた」という一言だけの手紙を送ったということが、先日もテレビで紹介されていました。制限のある短い文章では書ききれない思いのすべてを、「あなた」という一言に込めたのです。それは日本でいちばん短いラブレターだと紹介されていました。私たちも、イエス・キリストによって、こんなに親しく呼ぶことができるようになった神に、精いっぱいの思いを込めて呼びかけたいと思います。

遠くて近い「天」

もともと主の祈りは、単純に「父よ」という呼びかけで始まっていたそうです。でも、早くから礼拝の中で祈られるようになって「天にまします我らの」という言葉が付け加えられていきました。ですから、この部分は初代の教会の人たちの信仰告白であると言ってもいいのではないかと思います。その告白を私たちも受け継いでいるのです。

「天」とは、神のおられるところです。罪深い私たちにとって限りなく遠くて、イエス・キリストによって信じられないぐらい近くなったところ、それはイエス・キリストが送り出され、イエス・キリストが帰っていかれたところ、そして今も生きておられるイエス・キリストがおられるところです。本来、地上にある罪人の私たちとの間には、超えることのできない隔たりがある「天」なのに、そこには私たちの居場所も備えられている（ヨハネ14・2）と約束されているところです。

また、「天」というのは「地」とは違い、目には見えません。ですから「天にまします」というとき、神は人間が完全に知り尽くし、手のうちに理解し尽くすことができないお方であるということを言い表しているようにも思います。私たちは、神のみを神とし、被造物である人間は人間にすぎないのだということを自覚しつつ、しかしイエス・キリストによってこの小さな存在を愛してくださる神に、親しく呼びかけるのです。

主と共に祈る幸い

以前、かなり進行した癌を宣告されたときのことです。思ったほどショックではなかったと自分では思うのに、夜、病室が暗くなると、深い闇の中に引きずり込まれるような、なんともいえない経験をしました。目を閉じると、その闇はますます深くなり、自分がどんどんその闇の中に吸い込まれそうになってしまいます。私はあわてて目を開けて、薄暗い病室で息をひそめていました。そのとき私は「ああ、そうだ。私は祈ることができる」と思って、ほっとしたことを思い出します。

今から思えば、いつもいつも祈ってきたのに、なぜあのとき、あらためて祈ることができるなんて考えたのか不思議に思います。そして思うのです。主イエスが、私を祈りへと導いてくださったのだと。それまでも祈ってきました。祈りたいときに、祈りを求められたときに、祈らねばならないときに、祈ってきました。でも、あのときは、確かに主が私の手をとって祈りへと導いてくださったのだと思います。

そのとき私が祈ったのは主の祈りでした。「助けてください」でもなく「治してください」という祈りでもありませんでした。今から思っても、そうした願いは、私の本心とはどこか違っていたように思います。そして主の祈りを祈ったとき、ここにすべてがあると思いました。そのときの安堵《あんど》感は今でもよく覚えています。そして思ったことは、主の祈りはイエス・キリストの祈りのうちに自分のすべてが包み込まれる、そんな祈りなのだということです。私のために命を捨て、「新しい命に生きよ」と呼びかけ、招いてくださる主ご自身の祈りのうちに招かれて、主と共に祈る幸いを思いました。

入院中、私は数え切れないぐらい主の祈りを祈りました。集中するためにメモ用紙に書いたのですが、退院するときにはメモ用紙一冊にぎっしりと主の祈りが書かれていて、この病室にずっと主が一緒にいてくださったのだと実感しました。

「我ら」を一つにする祈り

また、この入院中に「我らの」と祈るとき、多くの人たちにつながっていることを覚えることができました。どんなに多くの方々が自分のために祈ってくださっているかということを思い、「我らの」と祈るたびに感謝しました。また、一緒に礼拝できない教会の人たちと、祈りによって一つにされていることを実感することができました。

さらに、この入院の直前に教区の「沖縄への旅」に参加したのですが、そこで出会った平和を実現するために命がけで闘っている人たちのことも思いました。そしてイラク戦争など多くの争いの中にあって命を脅かされている人たち、抑圧され、差別されている人たち、そうしたことと闘っている人たち。「我らの」と祈るとき、神に愛されている多くの人たちの命につながっていることを実感したのです。

そうした意味で、主の祈りは、私たちを一つにしてくれる祈りなのだと以前にもまして思うようになりました。そして「喜ぶ人と共に喜び、泣く人と共に泣く」（ローマ12・15）という主の交わりの中に自分は生かされているのだなあと思いました。

また、先に書きましたが、この主の祈りは、早い時代から教会の礼拝の中で祈られてきました。どのぐらい早い時代だったのかということは正確にはわからないそうですが、初代の教会ではまだ、ユダヤ教の影響を強く受けたキリスト者と、割礼を受けていない異邦人キリスト者との間には緊張関係がありました。エルサレム使徒会議（紀元四八、九年ごろ、最初期の教会の指導者がエルサレムに集って開いた会議。使徒15章参照）で割礼は必要がないとの結論が一応出たものの、そのわだかまりがとけるまでには、それなりに時間が必要だったのではないでしょうか。そのような中で共に「我らの」と祈られていたということを思うと感慨深いものがあります。

現代においては、神の慈しみと、その神への信頼を表すために「父」ではなくもっとふさわしい言葉を模索している人たちや、教会の伝統を信仰をもって見直そうとする人たちと共に「我らの」と祈ることを大事にしたいと切に思います。

憎しみや争いの絶えない世界で、今日も多くの人たち、多くの教会で主の祈りが祈られていることでしょう。私は、神が神とされ、その神の前で人間であることを自覚し、自分だけではなく、隣人もまた神に愛されている人間であることを心の底から大事にするところに平和が実現すると信じます。「天にまします我らの父よ」との呼びかけは、「神の国」への招きのように、私には思えます。

（日本基督教団　高石教会牧師）

主の祈り　2　み名をあがめさせたまえ

神さまの名を呼ぼう

佐藤《さとう》　泉《いずみ》

神の名についてのとまどい

以前、国際聖書フォーラムに行ったときのことです。ある先生のご講演の後、質問の時間に、受講者の一人が神のみ名のことで発言されました。その人は旧約聖書原典（ヘブライ語と一部アラム語）に出てくる神名のことで気にして、こんなことを述べていました。原典に「ヤーウェ」という神名が出てくるのに、翻訳では「主」となっている。原典にあるのだから、「ヤーウェ」と訳してはどうか、と（確かにフランシスコ会聖書研究所訳の分冊のように、「ヤーウェ」と訳すものがないわけではありません。また関根正雄訳は「ヤハヴェ」、岩波書店の翻訳は「ヤハウェ」と訳しています）。

実は、私も神のみ名を気にしたことがあります。神学校時代に修士論文の課題に取り組んだときのこと。旧約専攻の私が選んだテキストに神名が出てきました。私訳の中で神名をどうするかで少し考えさせられて、結局、ＹＨＷＨと訳しました。

ＹＨＷＨ。これは原典に出てくる神名のローマ字表記です。神名を表す文字が四つなので、「聖四文字」と呼ばれますが、このみ名が出てきたら、「アドーナーイ」と発音するという読みの伝統があります。「アドーナーイ」とはヘブライ語。その意味は「主」。神名ＹＨＷＨが書かれていても、読むときには、「主」という意味の別の単語の発音で読むのです。なぜ、そうするか。よく言われるのは、神のみ名をみだりに唱えてはならない（出エジプト記20・7、申命記５・11）という戒めとの関係です。

「わたしがいるのだ、確かに……」

とにかく、原典には聖四文字というものがあって、それは「アドーナーイ」と読むという伝統があるのです。新共同訳等の諸翻訳では、読みのほうを選んで、「主」と訳しているのでしょう。ちなみに、「ヤーウェ」とは聖四文字の本来の読みについての推測です。いかに読もうとも、ＹＨＷＨが神名。その啓示の個所とも言われるのが出エジプト記3章です。エジプトで苦しむイスラエルの人々を救うために、神はモーセを指導者にお召しになられましたが、そのとき、モーセは神のみ名を問いました。

それに応え、神は15節でＹＨＷＨ（「主」）というお名前をモーセに明らかにします。しかもそれに先立って、神は14節で不思議な言葉をモーセに語りました。「わたしはある。わたしはあるという者だ」。これが神のみ名の意味です。

「わたしはある……」を「わたしがいるのだ、確かにいるのだ」と訳し、よりプレゼンスを出されたのは旧約学者の左《さ》近《こん》淑《きよし》先生です。その左近先生は神のみ名の意味を「わたしはあなたと共にいる」だと説明なさいました。実際、神はモーセからみ名を問われる前に「わたしは必ずあなたと共にいる」（3・12）とおっしゃいました。それこそが神名の意味だというわけです。

新約聖書の証言

ところで、「わたしはある」＝「わたしは共にいる」は新約聖書にも通じます。ここで特に注目したいのはヨハネとマタイです。

まずはヨハネ。「あなたたちは、人の子を上げたときに初めて、『わたしはある』ということ……が分かるだろう」（ヨハネ8・28）。ここに出てくる「人の子を上げたとき」とは十字架を指しています。十字架の出来事が起きたときに初めて、主イエスが「わたしはある」＝神だとわかる、十字架の主イエスこそが神だと、これがヨハネの証言です。

次にマタイ。御子のご誕生を伝える場面に、そのみ名が「イエス」と名づけられたとあります（マタイ1・25）。「イエス」とはヘブライ語では「ヨシュア」＝「主は救い」です。そのようなお方が十字架で死なれて、私たちを贖《あがな》われました。私たちの罪を赦すために死なれたお方こそが、その名のとおりに、私たちにとって、「イエス」＝「主は救い」となられたというわけです。

さらにマタイは証言します。「イエス」＝「主は救い」と名づけられたお方が「インマヌエル」＝「神は我々と共におられる」だと（23節）。マタイ冒頭で遭遇するその証言はマタイ結尾、復活の主の大宣教命令に再び現れます。「わたしは世の終わりまで、いつもあなたがたと共にいる」（28・20）。人を罪から救うために十字架で死なれ、復活なさった主イエスこそがインマヌエルの神だと、これがマタイの証言です。

神は呼ばれる、あなたを

神のみ名に続いて、「呼ぶ」ということもご一緒に思い巡らしてみましょう。まず確認すべきなのは、神が人を呼ばれるという事実です。神は呼ばれます。アブラハムを（創世記22・1）、モーセを（出エジプト記3・4）、サムエルを（サムエル記上3・10）。

そして何よりも思い出したいのは、神がアダムを呼ばれたという事実（創世記3・9）です。アダムが禁断の木の実を食べた後、神は彼を呼ばれました。罪を犯した者を神は呼ばれます。罰を与えるためではなく、罪を赦すためにです。

イザヤが語っています。「ヤコブよ、あなたを創造された主は、イスラエルよ、あなたを造られた主は、今、こう言われる。恐れるな、わたしはあなたを贖う。あなたはわたしのもの。わたしはあなたの名を呼ぶ」(イザヤ書43・1)。

アダム(その意味は「人」!)を呼ばれるお方は「わたしはあなたを贖う」ともおっしゃいます。そして御子がこの世においでになり、「イエス」=「主は救い」と名づけられ、十字架で犠牲となられました。あなたがいかに罪深くとも、神はあなたの名を呼ばれるのです。あなたを贖うためです。

とにかく、聖書を読むとき、「呼ぶ」ということで気づかされる第一のことは、神がアダム=人を呼ばれるという事実です。何よりも神が私たちの名をお呼びになられる、それが神と私たちの関係なのです。

み名を呼ぼう

しかし、神は私たちとの関係をそれだけで終わりにはなさいません。神は人に呼ばれる存在となられました。ご自身のみ名を明らかになさり、み名を呼ぶことを人に許してくださったのです。

実際、「主よ」との呼びかけを聖書に探せば、いかに多く出てくることか！　み名を呼ぶという関係に神は私たちを招かれたのです。なんと幸いな関係でしょう。というのも、神のみ名の意味は「わたしはあなたと共にいる」だからです。しかも、あなたと共におられる神はあなたを救われる方だからです。

詩人も私たちの助けが主のみ名にあると証言していますし（詩編124・8）、聖霊に満たされたペトロも、十字架と復活の主イエスのみ名の他には、私たちが救われるべき名がないと証言しています（使徒4・12）。

だから、私たちは主のみ名を呼ぶべきです。あらゆる名が氾濫《はんらん》し、人々を翻弄《ほんろう》する現代にあって、「あらゆる名にまさる名」（フィリピ2・9）である主イエスのみ名をもっともっと呼ぶべきなのです。

赤ん坊のように呼ぼうよ

本原稿の執筆依頼を受けた後、一冊の本が目に留まりました。牧師館の建て替えのために引越しをすることになり、次々に本をダンボールに入れていく作業の途中で目に留まった一冊。『神を呼ぼう』という八木重吉の詩集でした。以前に購入して、本棚の奥に置かれたまま、ほとんど開かれなかった詩集でしたが、今回の執筆依頼のこともあって、その詩集が気になり、結局、引越し前日まで本棚に残しました。引越し準備の合間に、しばしばその詩集を開きましたが、一つの詩が特に心に留まりました。

さて
あかんぼは
なぜに　あん　あん　あん　あん
　なくんだらうか

ほんとに
うるせいよ
あん　あん　あん　あん

あん　あん　あん　あん
うるさか　ないよ
うるさか　ないよ
よんでるんだよ
かみさまをよんでるんだよ
みんなもよびな
あんなに　しつっこくよびな

これは「みんなもよびな」というタイトルの詩です。わが家には三人の子どもがいますが、いちばん下の子は一歳の赤ん坊。だから、この詩に心が留まったのかもしれません。本当に赤ん坊はよく泣きます。泣いて、何をしているのでしょうか？　呼んでいるのです。ママやパパを。自分をいちばん愛してくれている大好きなママやパパに抱っこしてほしくて、泣いて知らせるのです。

それと同じように、人を愛される神を私たちは呼ぶべきです。泣いてばかりいる赤ん坊のように、祈ってばかりいる人になるべきです。祈れないと思うときにも、「あん　あん」だけでいい。神を呼ぶ。もっと呼ぶ。そのとき、すでに神に抱きしめられていた自分に気づいて、親に抱かれた赤ん坊のごとく、安心して、喜びに満ちることでしょう。

思わずニコニコするようなこと

この執筆依頼が来る前のこと。いつものように寝る前に、みんなで主の祈りをささげました。「さあ、主の祈りをして、寝ようか」と子どもたちに声をかけると、上の二人は素直に頷《うなず》いて祈りの準備ができましたが、いちばん下の子はうろうろと歩き回っていました。

まだ一歳になったばかりだからと、私も無理強いはせずに、祈り始めましたが、「アーメン」の後、目を開けると、テーブルの上に正座をして、手を組んでニコニコしている末っ子の姿がありました。テーブルの上に乗ったら、いつもは「だめでしょ」と注意するのですが、そのときばかりは注意するのを忘れ、「ボクも祈れたよ！」と教えてくれている子どもの笑顔に私も思わず顔がほころびました。

決してむずかしいわけではなく、それができたら、思わずニコニコするようなこと。それが祈りなのではないでしょうか。そんなことに気づかせてくれるわが家での出来事でした。

主イエスに教えてもらって、祈れるようになったペトロたち。大きな喜びに満ちたはずです。そしてその喜びのゆえに、何度も何度も祈ったことでしょう。年中泣く赤ん坊のように、さあ、あなたも祈りましょう。「わたしはあなたと共にいる」という意味を持つみ名をもっともっと呼んで、祈れる幸いを味わっていきましょう。

（日本基督教団　泉町教会牧師）

主の祈り　3　み名をあがめさせたまえ

神がその名を聖としてくださる

張田《はりた》　眞《まこと》

「あがめる」とはどのようなことか

主の祈りの第一の祈願は「ねがわくはみ名をあがめさせたまえ」ですが、ここで与えられたテーマは「あがめる」ということです。み名をあがめるとはどういうことなのかを少しご一緒に学びたいと思います。

実は、この祈りの言葉はわかりにくいところがあります。「み名をあがめる」のは誰か、その主語がわかりにくいのです。

私たちになじんだ「み名をあがめさせたまえ」の隠れた主語は、祈り手である「私たち」と理解できますし、それ以外の「すべての人」も視野に入ってきます。新共同訳聖書では「御名《みな》が崇《あが》められますように」となっています。そして原文を直訳すると「聖とされますように、あなたのお名前が」となり、その意味は「聖としてください、あなたのお名前を」です。そうであれば主語は神ということになります。

＊少し煩雑なことになりますが説明を加えたいと思います。新共同訳が「崇める」と訳している言葉は、元々の意味は「聖なるものとする」「区別する」です。原文ではその受動形が用いられているので、直訳は「聖とされますように」となります（聖書協会共同訳では、マタイ6・9もルカ11・2も「御名が聖とされますように」と訳されています）。

この表現は、主イエスの日常語であったアラム語の語法にさかのぼり、「聖とせよ」というのが原意ですが、神の大能に属することを神に命令するのを避けるために受動形で表現したのだそうです。その意を汲《く》むと、「聖としてください、あなたのお名前を」となるというのです。いずれにしても、「あがめさせたまえ」という祈りの裾野《すその》は広いということでありましょう。

神が——聖としてください

神は神であられます。そしてその名をもって私たちの神でいてくださり、私たちと共にいてご自分の思いを実現される方です。この方に向けて私たちは「聖としてください、あなたのお名前を」と祈ります。

この「聖としてください」という願いの背景として、エゼキエル書36章22—28節があると言われます。

「わたしは、お前たちが国々で汚《けが》したため、彼らの間で汚されたわが大いなる名を聖なるものとする。わたしが彼らの目の前で、お前たちを通して聖なるものとされるとき、諸国民は、わたしが主であることを知るようになる、と主なる神は言われる」（エゼキエル書36・23）。この続きを読むと、神の名を聖とするとは、神に背き、神のさばきを受けて、諸国民の間に散らされ、神の名を汚したイスラエルを、神ご自身が救い、国に帰らせること、また、彼らに清い水を注いで、すべての汚れから清め、新しい心を与え、神の霊を彼らのうちに置いて、神のおきてを守って行わせるようにしてくださるということだとわかります。

神はご自身の名を聖とし、神の名を汚している神の民イスラエルに赦しと救いをお与えになるというのです。これはエレミヤの新しい契約の預言にも通じます（31・31―34）。そして、この祈りをお教えくださった主イエス・キリストの十字架と復活、その福音につながってまいります。

神はその民と共にいてご自分の思いを実現されます。神が神となってくださるのです。「あがめる」ことの出発点です。

私たちも――あがめさせたまえ

神がみ名を聖としてくださる、そこに私たちの救いがあります。その恵みにあずかって私たちもみ名をあがめます。そのことについて「ハイデルベルク信仰問答」の第一二二問が良く教えてくれます。「み名をあがめさせたまえ」とは何か。

「それは、第一に、あなたを、正しく知り、全能と知恵と慈しみと義と憐みと真実との輝く、すべてのみわざによって、あなたを、聖なるものとし、たたえ、ほめるもの、とならせて下さい、ということであります。

次に、また、み名が、われわれのゆえに、汚されることなく、かえって、崇められ、ほめられるにいたるように、われわれの、全生活、思想、言語、わざを、向けて下さい、ということであります」（竹森満佐一訳、新教出版社）

私たちが神の恵みを正しく知って神をあがめることができるように、そして神のみ名を汚すのではなく、ほめたたえられるために私たちの全生活が用いられるように、と祈るのです。とすると、神を「あがめる」とは、神を賛美し、罪を告白して栄光を神に帰するということになりましょう。

主の祈りの第一の祈願は、その意味でキリスト者の祈りの結晶であると言われます。

すべての人によって――あがめられますように

さらに、私たちだけではなく、全世界・全被造物がいつの日か神をあがめることとなりますように、との終末論的性格に心が留まります。

この関連でマタイによる福音書5章13節以下に注目したいと思います。「あなたがたは地の塩である」「あなたがたは世の光である」と主イエスは言われました。そして「人々が、あなたがたの立派な行いを見て、あなたがたの天の父をあがめるようになるためである」とお教えになりました。人々が神をあがめるようになるために、私たちの振舞い（み名をあがめる生活）も用いられるというのです。

ここで「立派な行い」と翻訳されていますが「良い行い」という意味の言葉です。「美しい」とか「魅力的な」という意味をもっています。私たちの生活が非の打ちどころのない、誰の目から見ても立派でなければならないということではなくて、何よりも神の光に照らされて生きる喜ばしさ、麗《うるわ》しさを指しています。光のもとに身を寄せて歩み、神の救いにあずかり、神の恵みによって生きるということです。そのようなキリスト者の姿が地の塩、世の光なのであるというわけです。

紀元二―三世紀ころに書かれたと言われる「ディオグネートスへの手紙」という文書がありますす。「地の塩、世の光」としての「立派な行い」について解き明かす一つの例として注目に値します。

こんな文章(*)が綴《つづ》られています。「キリスト者は、地域によっても言語によっても習慣によっても他の人々から区別できない。彼らはどこか自分たちに固有の町に住んでいたりはしないし、何か(他とは)ちがう言葉を用いてもいないし、特別な生活を営んでもいない」。

つまり、いろいろな都市にキリスト者は存在し、その町の生活様式にとけ込み、その国の習慣に従っているというのです。しかし、何か違ったところもある。続けてこう記しています。

「彼らは自分自身の母国に住んでいるが、しかしそれは寄留者のようにである。市民のようにすべてのことにあずかるが、しかし外国人のようにすべてを耐え忍んでいる。異郷はすべて彼らの故郷であり、故郷はすべて異郷である。……肉にあるが、肉に従って生きることはしない(Ⅱコリント10・31)。地上にとどまっているが、天に市民権を持っている(ピリピ3・3)。定められた法律に従うが、自分の生活では法律に打ち勝っている」

キリスト者が、他の人々と異なったところがあるとすれば、それは、自分たちの国籍が天に、神の国にあるということ。それゆえに、寄留者として生きているということだというのです。

さらに、当時のキリスト者たちは、ローマ皇帝が人々に求めた皇帝礼拝を行いませんでした。ですから教会は繰り返し迫害を受けることになりました。しかしながら、彼らは「すべての人を愛するが、すべての人から迫害されている。知られていないが、有罪とされており、殺されるが、生かされる。貧しいが、多くの人を富ませる。すべてのものに不足してはいるが、すべてのものにあり余っている（Ⅱコリント6・8―10）。そしりをうけるが、そのそしりの中で栄誉を与えられる」と言うのです。

迫害されたキリスト者たちは、自分たちを迫害する人々に対して憎しみを抱くことを潔いこととはしませんでした。抵抗し、武器をもって闘うことを選びとることをしませんでした。父なる神を仰ぎ、み名を賛美して召されていきました。キリスト者を嫌って憎んでいた人々は、いっときはそれを喜んで見ていたかもしれませんが、後には、それを驚き怪しむようになったのです。

キリスト者が、キリストのものであり、天に国籍があり、天上の市民であるということ、それゆえに、この地上では寄留者として生きることになる（フィリピ3・20、ヘブライ11・13）。それが、キリスト者の生活であり、良き行いなのです。それもまた「み名をあがめる」ことに違いありません。

（＊）佐竹明訳「ディオグネートスへの手紙」、荒井献編『使徒教父文書』（講談社文芸文庫、一九九八年）二六七―二六八頁より引用。

（日本基督教団　浜松元城教会牧師）

主の祈り　4　み国を来《きた》らせたまえ

「神の国」を待ち望みつつ、〈すでに〉と〈いまだ〉の間を生きる

雲然《くもしかり》俊美《としみ》

主の祈りは「主の」祈り

主の祈りは、主イエス・キリストが弟子たちに「こう祈りなさい」（マタイ6・9）と教えられた「祈り」です。弟子たちは、主が語られる祈りの言葉をけっして聞きもらすことのないようにとの思いで聞き、また何度も何度もその祈りの言葉を繰り返したのではないでしょうか。そうして主の祈りは弟子たちの祈りとなったことと思います。今日私たちが

主の祈りを祈る時も、弟子たちと同様に主が祈っておられるその祈りの言葉に自分の言葉を重ね合わせるようにして、一語一語を味わいつつ祈りたいと思います。

また、主の祈りは「主の」祈りです。主の祈りは、この世においてさまざまな出来事に心を騒がせ、ああしてほしい、こうしてほしいとお願いばかりを並べたててしまうような私たちの祈り（お願い?）とは違います。主の祈りは私たちの願いの実現にまさって、まず神さまのみ名をあがめ、み国の到来を待ち望み、神さまのみこころの実現を求める祈りです。主が再びこの世に来てくださることを待ち望む信仰の教えを終末論と言いますが、主の祈りの「み国を来らせたまえ」という祈りは、まさにその終末における神の国の到来を待ち望む祈りです。

始まっている「神の支配」

主イエスによる福音宣教の初めの言葉は「時は満ち、神の国は近づいた。悔い改めて福音を信じなさい」（マルコ1・15）でした。そして主は「神の国の福音」を告げ知らせたのです（ルカ4・43）。主の祈りにおいて「み国を来らせたまえ」と祈る「み国」とはまさに「神の国」のことです。この「神の国」という言葉が意味するところは「神の支配」ということです。「神の支配」とは、天地万物をお造りになり、また私たちを造られた神さまが、この世界を愛のみこころにおいて守り、保っていてくださっているということを表しています。

その「神の国（支配）」はけっして遠い未来にあるものということではありません。聖書が告げているのは、主イエス・キリストがこの世に来てくださったということが実は神のご支配の始まりであるということなのです。つまり、主イエスがこの世に来てくださったということにおいて、すでに神のご支配は始まっているというのです。

それは力による支配ではなく、主の深い愛に支えられ促されて、隣人を愛する歩みへと押し出された者たちによって広がりいく交わりそのものです。そして、主イエスにおいて神の国が到来していることを証しし、宣《の》べ伝えるために教会が用いられるのです。教会は「主が来られるときまで、主の死を告げ知らせる」（Ⅰコリント11・26）のです。

神の国（支配）は、主イエスがこの世に来てくださったことによって〈すでに〉到来しています。神の国は、神さまの招きに応え、愛のみこころに従うキリスト者においてすでに到来しているのです。ですから主は「実に、神の国はあなたがたの間にあるのだ」（ルカ17・21）とおっしゃいました。しかし、この世におけるすべての人が、その神さまの招きに応えているわけではありません。その意味では、〈いまだ〉神の国の完全な到来には至っていないのです。私たちはまさにこの〈すでに〉と〈いまだ〉の間の時を今生きているのです。

小さな群れよ、恐れるな。

聖書に記されている主イエスの神の国についての教えは実に豊かなものです。とりわけ主は「成長する種」および「からし種」のたとえ（マルコ4・26―32）において、神の国は私たち人間の思いをはるかに超えた広がりと豊かさをもっていることを明らかにしておられます。

また、主イエスは子どもたちを招いて「神の国はこのような者たちのものである」（マルコ10・14）と語られ、そしてはっきりと「財産のある者が神の国に入るのは、なんと難しいことか」（23節）とおっしゃいました。神の国が力ある者や大きな働きをなす者に対してそなえられているのではなく、小さな者あるいは自分を低くする者にこそ約束されていることをあらためて教えられます。私たちもまた、それぞれの教会や主を信じる群れの小ささに臆《おく》することはありません。「小さな群れよ、恐れるな。あなたがたの父は喜んで神の国をくださる」（ルカ12・32）のですから。

そして、初代のキリスト者たちが激しい迫害が迫りくる中で、神の国の到来を待ち望んでその困難な時を忍耐したことを覚えます。パウロは、主に従う者たちに「わたしたちが神の国に入るには、多くの苦しみを経なくてはならない」（使徒14・22）と励まし、「神の国を宣《の》べ伝え、主イエス・キリストについて教え続けた」（28・31）のです。

深い暗闇、しかしなお希望が

「み国を来らせたまえ」との祈りは、主イエスにおいて神の国がこの世に到来していることを知らされたキリスト者が、この世における神の国の完全な到来に向けて祈り続ける祈りです。この世には人と人が互いに傷つけあったり、憎みあったりする現実があります。深い暗闇に覆われているかのような出来事が次々と起こります。けれどもこの世界は神さまの愛のみこころによって造られた世界であり、神さまがご覧になって「それは極めて良かった」（創世記1・31）とおっしゃった世界です。

この世界は、その根底において、神さまのこの「良しとされた」（1章）みこころによって支えられている世界です。ですから、神さまは、人間の罪によるところのさまざまな悪がはびこっているこの世界と私たちを見捨てることなく、ひとり子主イエスの十字架の死によって私たちの罪をゆるし、救ってくださいました。私たちは、暗く心痛む出来事の多いこの世にあって、なお希望を失うことなく主の十字架の救いが確かであることを信じ、神さまのみ国の完全な到来を祈りのうちに待ち望むのです。

さらに聖書から、人間だけでなく全被造物もまた神の国の到来を待ち望んでいることも学びたいと思います。「被造物も、いつか滅びへの隷属から解放されて、神の子供たちの栄光に輝く自由にあずかれる」（ローマ8・21）ことを待ち望んでいるのです。

天命に従い、人事を尽くす

「たとえ明日世界の終わりが来ようとも、私は今日りんごの木を植える」という言葉があります。時に宗教改革者のルターの言葉として紹介されることもありますが、そのことははっきりしておりません。

この言葉は一般には、「明日で世界が終わりになってしまうかもしれないが、たとえそうだとしても、私は今日一日自分の仕事に全力を注ぐ」といった意味だと考えられています。すなわち、明日はどうなるかわからないけれども、とにかく今日一日を一所懸命に励むことが大切だという意味合いで用いられていることが多いようです。けれども私は、この言葉が本来意味するのは、「明日が世界の終わり（神の国の到来）の日であるかもしれない。私はその終わりの日の到来を信じ待ち望みつつ、今日一日神さまのみわざをなすことに励もう」ということであると思うのです。終わりの日があることを信じて今日の務めに励む、いわば〝終わりから生きる〟ということです。

終わりがあるからこそ、私たちの今日この日がかけがえのない一日であり意味深い日であることを知るのです。私たちの日々の思い悩みをよくご存じであられる主イエスの祈りの内に、私たちの今日また明日の労苦が支えられていることを信じ、「何よりもまず、神の国と神の義を求めなさい」（マタイ6・33）とのみ言葉に従って歩んでいきたいと思います。

「人事を尽くして天命を待つ」という言葉に対して、ある方が、キリスト教信仰はむしろ「天命（神さまのみこころ）に従って人事を尽くす」ということだと語っておられました。神さまのみこころとしての神の国の到来を信じることによって、今現在の私たちの労苦が意味をもつことになります。「主に結ばれているならば自分たちの苦労が決して無駄にならない」（Ⅰコリント15・58）のです。

（日本基督教団　秋田桜教会・下浜教会牧師）

主の祈り　5　みこころの天になるごとく　地にもなさせたまえ

「成し遂げられた御心」を知って祈る

岡村《おかむら》　恒《ひさし》

「御心」を信じる難しさ

今から二〇年余り前の初夏、わたしは自分の母に死の宣告をしました。「末期癌《がん》で、与えられた時間は半年」。そう母に告げ、父と三人で聖書の御言葉を読みました。「この試練もまたあなたの御心なら、どうか平安の内を歩ませてください」と溢《あふ》れる涙の中で祈ったことを鮮明に覚えています。

困難な課題に直面した時、恐れや不安の中で「神さま、本当にこれがあなたの御心ですか?」とわたしたちは問いかけます。悲惨な事件や事故、戦争や不条理な出来事に心傷つき、深い悲しみの中で、「御心を教えてください」と祈ります。わたしたちは、主の祈りの中で「みこころの天になるごとく　地にもなさせたまえ」と祈るたびに、神の《御心》とは何か、と繰り返し問います。

この世界は、確かに嘆きと流血の地です。本当に神の御心が行われているのだと信じることが困難な現実があります。そこでわたしたちはしばしば、神の御心を尋ね求めているつもりで、ただ自分が納得できる答えだけを求め、悲惨の責任者として神を糾弾してしまうのです。

しかし、わたしたちは全知全能の神を信じています。神には、わたしたちに言い訳をする必要などありません。なぜなら、わたしたちが御心を尋ね求めるはるか以前に、神はわたしたちのために御心を成就してくださったからです。

主が祈ってくださった祈り

わたしたちが「天におけるように地の上にも」（マタイ6・10）と祈る時、実はわたしたちは、一つの信仰を告白しています。

《神だけが支配し、他の何ものも、死でさえもその力をまったく失い、神の御心だけが成就する『天』と呼ばれる場所がある。この地もやがて新しくされ、天と同じように神の御心だけが実現する時がくる》。そういう《終末》を信じる信仰です。

復活された主イエスは今も生きておられます。主がやがて再び地の上に立たれる日、つまり御国が到来する日には、神以外の一切のものがその力を失い、神のご支配が完成します。わたしたちはそう信じ、その日を待ち望みながら、この祈りを祈っているのです。ちょうど、「み国を来《きた》らせたまえ」と祈る時と同じように、今か今かと待ち望みながら、この身を前に乗り出すようにこの祈りを祈っています。

わたしたちがこのように祈ることができるのは、主イエスがこの祈りをわたしたちに先だって口にし、最後まで祈り通してくださったからに他なりません。あのゲッセマネの園で十字架の死を前にした主イエスは、わたしたちのために祈ってくださったのです。

「アッバ、父よ、あなたは何でもおできになります。この杯をわたしから取りのけてください。しかし、わたしが願うことではなく、御心に適《かな》うことが行われますように」（マルコ14・36）

主イエスは、ご自分のお気持ちも父なる神への信頼も、全部を口に出して祈られました。その上で、「御心に適うことが行われますように」と、ただ御心を求めて祈り抜いてくださいました。この祈りを祈り終えた主イエスが、たった一人で、十字架へと歩んでくださったのです。

御心は「成し遂げられた」

主イエスが引き受けてくださったお苦しみは、わたしたち罪人が味わわなければならないはずの苦しみでした。主イエスは十字架の上で、わたしたちに代わって、罪人の死を引き受けてくださいました。わたしたちが滅びることがないためです。

《ゲッセマネの祈り》は、主イエスがわたしたちのために、自分を救うことを放棄してくださった祈りです。「この杯を取りのけてください」、というご自分の願いではなく、神の御心だけが実現するようにと祈り、主イエスはその祈りのとおりに歩んでくださいました。だからこそ、主イエスは十字架の上で、「成し遂げられた」（ヨハネ19・30）と言って息を引き取られたのです。ご自身の死が、神の御心の成就に他ならない、と全世界に宣言して死を受け止めてくださったのです。

主イエスは、十字架から降りることをなさいませんでした。自分を救わず、わたしたちを救うためだけに、主イエスは祈り、十字架に架けられ、そして死に至るまで十字架の上に留まり続けられました。これが、「御心に適うこと」だったからです。ここでだけ、《神の御心》が成就しなければならなかったのです。

教会は成就のしるし

神は、わたしたちの救いを決断し、実行してくださいました。ひとり子、主イエス・キリストを十字架につけ、神に棄てられる罪人の死と滅びの苦痛と絶望を全部負わせてまで、わたしたちの救いを成し遂げてくださいました。この決断はどう考えても理不尽です。神の愛から出たこの救いの御業はまったく不条理です。あの日「成し遂げられた」神の御心は、わたしたちの理解力をはるかに超えているのです。

ですから、この《救いの御業》は、主イエスの十字架での死と復活の後になって初めて、弟子たちに明らかにされました。主イエスが十字架に架けられた時、弟子たちの誰一人として一緒に十字架に架けられた者はいませんでした。数々の奇跡を体験した者も、五〇〇〇人の食事の場にいた者や罪人と徴税人の食卓に招かれた者も、弟子たちの内のたった一人でさえ、主のかたわらにはいませんでした。主イエスはたった一人で、全世界を押しつぶすような死をお引き受けになったのです。弟子たちや、そして多くの人々が、ゲッセマネの祈りの意味や主イエスの十字架での死の意味を初めて知ったのは、復活の主に出会い、約束の聖霊を受けてからのことなのです。

主のお約束を信じて、恐れと不安の中、それでもエルサレムに留まった弟子たちに聖霊が注がれ、ペンテコステに三〇〇〇人が洗礼を受け、主の再臨を待ち望む食卓に、日々兄弟姉妹が加えられていきました。復活の主が生きておられるので、助け主なる聖霊が力強く働いて、弟子たちは、主イエスの死と復活による救いの御業を信じて生き始めることができたのです。そうして、今日まで聖霊が働き続けている《教会》で、あの日成し遂げられた神の御心が、その姿を現しています。

わたしたちが贖《あがな》われることこそ、神の御心です。そして「この地の上に」、確かに御心は成就しました。主の御体なる教会が立てられ、そこで日曜日ごとに主の復活が宣《の》べ伝えられている、この事実こそ、神の御心が成就した確かなしるしです。

ですからわたしたちは今日も、「御心が行われますように」と祈ります。わたしたち一人一人が、またわたしたちの愛する者たちが、そしてこの世界が、神の救いのご計画に従って赦され、救われて新しい生命に生きるようになるよう祈ります。この神の御心が、一日も早くその全貌《ぜんぼう》を現して、世界が新しくされる日を待ち望みます。

確かな平安と希望

一日一日死に向かって歩んでいた私の母は、「死ぬことは、この病室のカーテンが引かれるようなもの。しばらくの間、お互いに見えなくなり、触れることができなくなるけど、終わりの日にカーテンがさーっと引かれると、顔と顔とを合わせて一緒に主を賛美するようになるの」、そう言って、本当に平安の内に眠りにつきました。すでに成就した救いの約束を信じて主の再臨を待ち望むわたしたちには、これほど確かな平安と希望が与えられているのです。

日常生活のただ中で、わたしたちは多くの出来事に直面し、そのたびに御心を尋ね求めます。わたしたちには神のご計画の全容を知ることができないので、繰り返し恐れや不安を抱きながら、つぶやくように祈ります。しかし、もっとも大事な神の御心はもうすでに成就し、わたしたちに明らかに示されています。この《福音》が、嘆きと流血の地を歩むわたしたちの旅路を、平安と希望によって支え導いています。

「神は、その独り子をお与えになったほどに、世を愛された。独り子を信じる者が一人も滅びないで、永遠の命を得るためである」（ヨハネ3・16）

（日本基督教団　高幡教会牧師）

主の祈り　6　我らの日用の糧を、今日も与えたまえ

切実な祈り　飢えと戦争より私たちを守ってください

太田愛人《おおたあいと》

主の祈りは前半の神への祈りと、後半の人間に関する祈りとに分けられます。その、人間に関する祈りの最初に「パンを与えてください」と祈ることは、人間の切実な祈りとして受けとめられます。なぜならばイエス自身が飢えの体験を持っており、弟子たちもまたイエスに従うとき、飢えを体験したからです。

飢えとイエス

この祈りを、飢えの体験があり、人の心を深く知るイエスが口に出したことは当然でしょう。イエスはサタンからの試みの最初、四〇日間の断食のあとで、「空腹を覚えられ」（マタイ4・2）ました。そこに、人間の弱点を人間以上に知るサタンが「神の子なら、これらの石がパンになるように命じたらどうだ」と攻撃をしかけました。この、公生涯の最初の試練でイエスは「人はパンだけで生きるものではない。神の口から出る一つ一つの言葉で生きる」と宣言されるのです。

またイエスはその生涯の終わり近くに弟子たちに「小さい者の一人にしたのは、わたしにしてくれたことなのである」（25・40）という、遺言ともいうべき言葉を与えて死地に赴《おもむ》いています。そしてここでも冒頭に「お前たちは、わたしが飢えていたときに食べさせ、のどが渇いていたときに飲ませ」（35節）と語っています。

人間の姿をもった神の子イエスは、このように飢え渇きを自ら体験し、愛の業の最初にパン問題を取りあげました。弟子たちもイエスに従う以上、それなりの覚悟をしていたものの、道中で飢えるとつい手が食べ物の方に伸びてしまったようです。「そのころ、ある安息日にイエスは麦畑を通られた。弟子たちは空腹になったので、麦の穂を摘んで食べ始めた」（12・1）。

イエスはここで安息日論争をファリサイ派と始めることになり、「人の子は安息日の主なのである」と新しい宣言をしています。これは、麦の穂を手で摘む「労働」が掟《おきて》破りだとするファリサイ派の視点に対する、人間擁護からの挑戦です。

聖書を読み解く鍵「飢え」

穂を摘んで食べてもうまくはないのです。にもかかわらず生食《せいしょく》するとはよほど空腹であったのだろう、と同情心が湧いてくるのは飢えを体験した人々です。イエスを含めて弟子たちは飢えが日常的であり、たまにザアカイや徴税人、マルタやマリアのような人々から接待を受けると、ファリサイ派の目を気にすることなく飲食の席につらなって食卓を共にしていたのです。

聖書の食の問題は今日の日本のような飽食の時代ではわかりません。カインとアベルの争いも食にかかわっていたし、エサウとヤコブの確執も豆スープの一椀《わん》に由来していました。アブラハムのエジプト滞在もヤコブの子らがエジプトに赴くのも凶作のためでした。このように、飢えは個人や部族の移動ばかりでなく民族の移動も引き起こしたのです。

また出エジプトで最大の危機を迎えたモーセは、神から奇跡のマナをいただいたとき言いました。「これこそ、主があなたたちに食物として与えられたパンである。主が命じられたことは次のことである。『あなたたちはそれぞれ必要な分、つまり一人当たり一オメルを集めよ。それぞれ自分の天幕にいる家族の数に応じて取るがよい』」（出エジプト記16・15—16）。

「余ることなく……足りないことなく、それぞれが必要な分を集めた」（18節）のですが、翌朝まで残してはならないというモーセの言葉に反して取りおいた者のマナは、腐ってしまいました。「そこで、彼らは朝ごとにそれぞれ必要な分を集めた」（21節）と、相互扶助により飢えを克服したことが記されています。同様に、必要な分だけ取って余すことなく、公平にゆきわたる糧こそ、食に関するイエスの原則です。

「日用の糧」とは

これら旧約聖書の実例を読むにつけ主の祈りの中での「我らの日用の糧を、今日も与えたまえ」が生きてきます。ここで、昔から論じられてきた「日用の糧」という言葉についての論議を振り返ってみましょう。

この「日用の糧」は新共同訳では「必要な糧」と訳されています（マタイ6・11、ルカ11・3、聖書協会共同訳では「日ごとの糧」）。その原語エピウーシオスは、新約聖書では主の祈りの中にだけ出てきて、ほかに見あたりません。そのため訳語が確定しにくく、適語を決めるのに配慮しなければならないのです。ちょうど、主食一つにおかずが多彩といった按配《あんばい》です。

「日ごとの食物」「その日の食べ物」「今日の糧」「毎日必要なもの」「その日の糧」「必要なパン」……。外国の翻訳を加えると、もっと多いでしょう。大きく分けると「その日」と「必要な」になります。さらに時間的に見て「今日」ではなく「明日」説もあります。そうなると、安息日は金曜日の日没から土曜日の日没までですから、どの時点で祈るかも問題になるでしょう。当時のユダヤ教の信徒は日に三度、決められた時間に祈る習慣でしたから。

さらに「必要な糧」を、食の分野を越えて、人間生活全般にわたることの祈りと考えたり、聖餐に関する分野にまで言及する説がありますが、そこでは飢えに対する思いは希薄になってしまいます。むしろルカ福音書12章の、豊作飽食こそ人間の食生活を崩すものというイエスの視点を思い起こすべきでしょう。明日のための貯《たくわ》えより今日の糧への切実な祈りこそイエスの意図した祈りです。イエスは飢えた人々と日々接する生活の中で、人々が何を求めているかに気づいておられました。

ルカ福音書の主の祈りは、単純率直に、「父よ」で始まり、そして「必要な糧を毎日与えてください」となっています。こちらの方が気迫がこもっています。

父は万難を排して子が生きるために努力します。「パンを欲しがる自分の子供に、石を与えるだろうか。魚を欲しがるのに、蛇を与えるだろうか」（マタイ7・9―10）。どんな悪い者でも「自分の子供には良い物を与えることを知っている」（11節）のです。飲食を介して神と人とのつながりをイエスは説明しました。飲食は単に胃袋の問題だけではなく、人間が神を父と呼ぶことから始まる信仰の初歩を学ぶことの問題でした。

飢えの背後に戦争の影

主の祈りの「パンを与えたまえ」は、全世界で祈られていますが、現今、南半球と北半球とではその祈りを取りまく事情が大きく違ってきています。日本でも戦前と戦後とでは落差が大きいといえましょう。また大都市と辺境とでは事情が異なります。

飢渇《きかつ》の原因として昔は干魃《かんばつ》、寒波、病虫害がありました。旧約聖書にもその現実が記されていますが、二十世紀では戦争が引き起こす飢えが多すぎました。戦争が原因で飢えが起こり、人が苦しんでいるのです。

たとえば、日露戦争は日本の凶作を招きました。一九〇八（明四一）年、朝日新聞は杉村楚人冠《そじんかん》記者を東北地方の農村に派遣して惨状を毎日報じました。働き手の若者や馬が戦地に赴き、銃後では農民が飢えていたのです。一九四五（昭二〇）年の敗戦の年も凶作でした。農林大臣は海軍大臣と共に戦争続行不能を閣議で述べたといいます。戦士たちは弾丸だけでなく飢餓のためにも死んでいきました。

一九三三（昭八）年、国際連盟脱退の年に、宮沢賢治は「病《いたつき》のゆゑにもくちんいのちなり　みのりに棄《す》てばうれしからまし」と書き遺して死にました。翌年、かつてない大凶作の東北地方に軍需工場が各地で増設されていきました。当時、幼児だった私は幼稚園長シュレーヤー宣教師が作った藁《わら》混じりのパンを食べさせられ、アメリカでも凶作になると麦の実だけでなく藁も食べることを学んだ記憶があります。楚人冠が水沢で体験したこととして、稲でも根に近い部分を切断して米に混ぜるとどうやら食《く》えたと報じた時代です。

ルターは、山上の垂訓の説教の中でこの祈りを拡大して、パンを健康、天候、家、妻、政治、平和を保つことを指すとし、災難、病気、ペスト、物価高、戦争、暴動などからも守ってくださいと書いています。日本でも世界でも、飢えは天候と共に戦争が原因だったのです。

祈りをよみがえらせよう

復活したイエスはエマオの宿で弟子二人に「パンを取り、賛美の祈りを唱え、パンを裂いてお渡しになった」（ルカ24・30）とあります。私たちは「パンは自分で得たのだから自分で食べるのだ」と考えがちですが、イエスは食前の祈りを教えてくださいました。祈りを忘れた人でも食卓につくとき、祈りの心がよみがえってきます。

内村鑑三は『余は如何《いか》にして基督信徒となりし乎《か》』の中で、洗礼を受けてまもなく、札幌農学校の休暇で東京に帰ったときのことを記しています。東京では同信の友との交わりを広げ、食卓にも招かれました。そのとき、内村と宮部金吾とは「いつもの野蛮な恰好《かっこう》で箸《はし》を取り上げていきなり勝手にはじめかかった。Y君がそのときおごそかに言った、『諸君は食前に祈らないのですか、祈りましょう』と。我々は赤面した、箸をおろした」。その後内村はこの時のことを回想して「余は一メソヂスト牧師の部屋で学んだ習慣をかつて守らなかったことはなかった」と告白しています。

「日毎のパン」の祈りは、「過ぎたるはなお及ばざるがごとし」で、飢えと飽食に対する警告の意味も含んでいると言えます。食糧自給率低下の現代日本で飽食を継続するゆがみは、日常生活の破綻《はたん》も招いています。戦争末期や敗戦の飢えで苦しんだ者は戦争放棄こそ飢えからの脱出であることを体験したはずです。それゆえ「日用の糧」の祈りは、「平和を実現する人々は、幸いである」（マタイ５・９）の教えにつながる祈りです。地球上で、武器ではなくパンを与え合うことをこそ祈り求め、実現すべきです。

（日本基督教団隠退教師）

主の祈り　7　我らに罪をおかす者を　我らがゆるすごとく、我らの罪をもゆるしたまえ

私たちすべてを包みこむ、神の赦しと慈しみ

茂《しげる》　洋《ひろし》

主の祈りでの違和感

主の祈りで、「我らに罪をおかす者を　我らがゆるすごとく、我らの罪をもゆるしたまえ」と祈るとき、いつも違和感を感じないでしょうか。

私たちは、自分に罪をおかした人たちや負債を負う人たちを、本当に赦しているでしょうか。あるいは、少しでも赦したときに、それだから私の方の罪が少しは赦されたかと感

じた途端《とたん》、それは変だと思わないでしょうか。それとも、いつも完全に無抵抗的に赦さなければならないと思って、実際は不可能だとあきらめてしまっているでしょうか。

ここではっきりさせておかなければならないことは、この祈りの主文は、「我らの罪を（も）ゆるしたまえ」だということです。神の私たちへの赦しは、まったく無条件的であることが基本です。神の赦しとは、祈っている一人一人がどのような状況にあっても、そのままで、神の赦しに、豊かにあずかっているということです。ですから、それにつづく「我らに罪をおかす者を　我らがゆるすごとく」は、この主文の従属文で、神の無条件的赦しを、もし私たちの現実の生活に類比してみれば、こうなるということなのです。この従属文が、主文の条件ではありません。

では、この従属文「我らに罪をおかす者を　我らがゆるすごとく」は、何を意味するのでしょう。これは、放蕩息子の物語（ルカ15・11―32）の父と子の関係のような類比（アナロジー）です。類比というのは、一つの実例ですから、わかりやすい反面、当然ながら制限を伴います。

「神による罪の赦し」を、私たち人間関係の中で類比するとすれば、自分に罪をおかした者や負債を負う者を赦すのと同じようだということです。もっとも私たちの赦しはきわめて少なく、しかも不徹底、その上断片的なものですけれども。ここでは、永遠的なものと、私たちのように一時的なものとの間には、まったく橋渡しできない性質、つまり絶対と相対との非連続性があるということを、しっかりとわきまえる必要があります。

この主の祈りの直前には、「父（なる神）は、願う前から、あなたがたに必要なものをご存じなのだ」（マタイ6・8）とさえ記されているのですから、「神の赦し」は決して人間の赦しを要求していないのです。

福音書にあらわされる「罪の赦し」

永遠の神の赦し、めぐみ、慈《いつく》しみは、救い主イエスによって、明らかに、今を生きる私たちに示されています。その数々の物語が福音書に記されています。

たとえば、四人の友人によって運ばれてきた中風《ちゅうぶ》の人に、主は「子よ、あなたの罪は赦される」と語られ、その人はいやされました（マルコ2・1以下）。ここでの「罪は赦される」は、主なる神によって「いやされる」と同じ意味になっています。

また香油を主に塗った罪深い女に、主は、「あなたの罪は赦された」と語られ、彼女を解放されました（ルカ7・48）。ここでは、「罪の赦し」は、主なる神によって、「自由になる」「解放される」ことを意味します。

さらに主は、「人の子（キリスト）の悪口を言う者は皆赦される。しかし、聖霊を冒瀆《ぼうとく》する者は赦されない」と宣言され、永遠の神をあらわす霊（神の風）の豊かなはたらきを拒否する者は、きびしく「赦されない」ことを示されました（ルカ12・10）。

そして福音書の最後に、教会の使命として、「メシアは苦しみを受け、三日目に死者の中から復活する。また、罪の赦しを得させる悔い改めが、その名によってあらゆる国の人々に宣《の》べ伝えられる」（ルカ24・46以下）と記されています。「悔い改め」の語源は、「立ち返る」です。人間は、本来永遠の神により創造されています。でも、つねにそこから「離れる」（これが、「罪」の語源）のです。しかし、また主なる神に「立ち返る」ことができます、主の十字架の出来事によって。

この「赦し」がもっとも明らかに示されているのは、ルカ福音書の主の十字架上での第一声「父よ、彼らをお赦しください。自分が何をしているのか知らないのです」（23・34）

です。この聖句は、初期の主要な写本には記されていないのですが、その意図は明らかです。神の赦し・慈しみは、主を通して、無条件的に、私たちすべての人間を包み込んでいることを示しています。

義人であると同時に罪人

「我らの罪をもゆるしたまえ」と祈るとき、もっとも大切なことは、「神による罪の赦し」です。祈るとき、私たちは永遠の神の前に佇《たたず》んでいます。そこには、橋渡しできない隔たりがあります。しかし、同時に、そこには、豊かな霊的交わり・神からの祝福があります。これはちょうど陶器師と、彼の創造する陶器との関係のようです。陶器である私たちは、まったく神という陶器師の手の内にあるのです。「粘土が陶工の手の中にあるように……お前たちはわたし（主なる神）の手の中にある」（エレミヤ書18・6）のですから、神の赦しは、私たちの側の条件には一切よらず、まったく無条件的です。この大前提なしには、この祈りを捧げることはできません。

ですから、「我らの罪」についても、深く思いを馳せないといけません。これは、一つ二つと数えられるような道徳上の犯罪を意味するのではなく、限りあるいのちの私たちと、永遠の神との間のまったくかけ離れている状況を意味しています。もちろん犯罪によって、神から離れてしまうことも含みますが、根本的には、永遠の神の前にあって、そこからかけ離れている自分を発見することが、「我らの罪」なのです。ちょうど、「ファリサイ派の人と徴税人のたとえ話」（ルカ18・9以下）の「徴税人」が、神殿から遠く離れて立ち、目を天に上げようともせず、胸を打ちながら、「神様、罪人のわたしを憐れんで（慈しんで）ください」と祈るのと同じです。

永遠の神の前に立つ人間は、いつも神から離れているにもかかわらず、神のめぐみ、慈しみに包み込まれているのです。ですから、人間は、いつも、神の前にあって、「義人であると同時に罪人」です。それは、たとえどれほど長い信仰生活を続けている信徒であっても、また牧師であっても同じです。

意外なことにパウロの手紙には、主の祈りに用いられている「赦す」という言葉は、たった一か所にしか書かれていません。ローマの信徒への手紙4章7節ですが、これもパウロ自身の言葉ではなく、詩編32編1節（七十人訳）からの引用です。

おそらく、彼は、「神の赦し」を、「神の義」「神のめぐみ」と受け止めたのでしょう。ユダヤ教のような宗教の枠組みによるのではなくて、神の義、めぐみ、慈しみが、十字架の主を通して、私たち一人一人に豊かに注がれていることにほれ込んだのでしょう。そこでパウロは、私たちが「信仰を通して、神により、義（正しい）とされる」（信仰義認）ことを伝えました。

そしてパウロは、私たちは、神の畑、神の建物であり、神の霊（風）が自分の内に住んでいるので、常に「聖なるもの」だと述べます（Ⅰコリント3・9以下）。しかも私たちに与えられているのは、一つの定まった賜物ではなくて、一人一人にそれぞれ異なる神のめぐみの賜物（「カリスマタ」。「カリスマ」の複数）が与えられていると主張しているのです（Ⅰコリント12・4以下）。

変化させ、勇気づける信仰

私たち人間の信仰は、この罪人である私と、「永遠の神とともにある」、「主とともにある」、「神の霊（風）ともにある」という逆説的な体験です。そこで、その表現の一つとして、

「神による罪の赦し」があるのです。

前に述べたように、この「赦す」とか「赦される」という私たちの人間関係の表現は、あくまで類比です。さらに、「罪の赦し」というときの「罪」は、私たちの道徳上の「数々の罪」ではなくて、私たちが永遠の神により創造された存在から「かけ離れる」ことを意味します。私たちは、いつも神とともにある体験と、神から離れて行く体験とを、同時にもっています。これが、いかなる信仰者も「義人であると同時に罪人」であるという逆説です。

「罪人」から「義人」へ一方的に移るのが、信仰ではありません。人間の善悪を越えて、無限の神の善が、私たちを包み込んでいると信じるのが信仰の力です。私たちがどのような状況にあっても、つねに永遠の神により、受容されていることが「罪の赦し」と表現されているのです。「受容されないにもかかわらず、受容されていること」と言えます。

神により「受容されないにもかかわらず、受容されている」ことは、私たちを捉え、そのままで変化させ、つねに勇気づけます。これは、十字架につけられた主の出来事を通して明らかになり、霊（風）そして聖霊（神の風）により、私たちも生き生きと受け止めることができます。
「我らに罪をおかす者を　我らがゆるすごとく、我らの罪をもゆるしたまえ」との祈りは、自分がどのような状況にあっても、そのままで、永遠の神に受容され、神からの豊かな祝福にあずかっているという実感なしには、祈ることはできないのです。

（日本基督教団隠退教師）

主の祈り　8　我らに罪をおかす者を　我らがゆるすごとく、我らの罪をもゆるしたまえ

相手をゆるすことができなくて、苦しんでいるあなたに

大島《おおしま》純男《すみお》

主の平和。

先日は丁寧《ていねい》なお手紙をありがとうございました。「主の祈りをみんなで祈るとき、『我らに罪をおかす者を　我らがゆるすごとく』の箇所に来ると言葉に詰まってしまう」と、お手紙にありましたね。もっともだと思いました。そのことに心を置きつつ、お返事を書こ

うと思います。

わたしたちは、突然、自分では想像もしなかったことにみまわれます。今まで、人を信じてきたのに、人から裏切られたり、だまされたりする場合があります。善良そのもののあなたが、だました者をゆるせないという気持ちはよくわかります。

*

先日のこと、他県に住む義母から電話がかかって来ました。「明後日、布団《ふとん》の点検に来るという人と約束をしたのだが、どうしよう」という内容でした。最近、振り込め詐欺《さぎ》が横行していますので、ひょっとするという思いが頭をよぎりました。

義母は以前、布団二組を三六万円で購入しました。領収書が残っていましたので、そのコピーをファクスで送ってもらいました。そして、早速、布団の販売店に電話したところ、「もっと高額の布団も扱っているが、購入してもらってから電話をかけて点検に行くようなことはしていない」という答えでした。

義母に「いったい誰が来るのか」と聞きましたが、「相手の電話番号を聞いても、移動中なので知らせられないと言って電話が切れた。わたしは、約束したので、二日後に、きっと来るに違いない」と言うばかりです。

早速、インターネットで「布団　詐欺」という項目を探してみました。そうすると、驚くばかりに次から次へと実例が出て来るではありませんか。

わたしは、義母の住んでいる県の消費生活相談窓口に電話を入れました。「被害に遭いそうなので、警察に巡回してほしいと言ってくれないか」と頼みましたが、「どうして、あなたがそのように思うのか。本人が電話で助けを求めることはできないのか。本人ができないと言っているのなら別だが」とまったく取り合ってくれません。わたしは、「あなたたちは、相手がいる目の前で、年をとった女性が助けてほしいと電話で頼めると思いますか。あなたたちは被害が出てから、おもむろに腰を上げて動くのではありませんか」とついつい声を荒げてしまいました。

実際に、年を重ねた人が、一人でいるところに、複数の人間が布団の点検だと言って家に上がり込み、帰ってほしいと再三言っても帰らず、布団を持ち帰り、後日、クリーニング代金だと言って高額の費用を請求する場合があると言います。あるいは、ダニがわいているとだまして、高価な布団を買わせるということもあるそうです。

健康で大声をあげられるなら、相手になってもよいかもしれません。でも、義母やあなたのように力の弱い人に、「立ち向かえ」と言ったところでとても無理です。わたしたちは、「その時間帯に家に鍵をかけ、電話にも絶対出ないように」と言うのが関の山でした。

結局、妻は、県警の防犯課に執拗《しつよう》に電話をかけ、その時間の見回りを依頼しました。効果は絶大でした。業者が来るという時間帯に、警官が、義母の家の前にいる男たちに声をかけ、業者の名前を聞き出し、わたしたちの方に報告してくれました。他県から来た業者で、その業者名をインターネットで検索すると、「歩合制で、新人でも三か月経てば、五〇万円以上の給与を出します」と出ていました。

＊

聖書の中で、イエスが、気を落とさずに絶えず祈らなければならないと語っておられるところがあります。ルカによる福音書の18章1節以下です。イエスがたとえとしてお話しになったのは、しつこく裁判官に、「相手を裁いて、わたしを守ってください」と懇願するやもめの話です。裁判官は、「自分は神など畏《おそ》れないし、人を人とも思わない。しかし、あのやもめは、うるさくてかなわないから、彼女のために裁判をしてやろう」と考えました。

たとえを話された後、御子イエスは、「この不正な裁判官の言いぐさを聞きなさい。まして神は、昼も夜も叫び求めている選ばれた人たちのために裁きを行わずに、彼らをいつまでもほうっておかれることがあろうか」と言われました。

たまたまわたしたちは、義母がだまされる寸前で手を打ちましたが、世の中にはあなたのようにだまされて虎の子を奪われてしまった人も多くいます。あなたをだました人間への裁きは神に委ねましょう。

でも、わたしはまたときおり、だました人間の境遇を思うのです。人をだまして、平気でいられる人間の人生がどれほど貧しいものなのかと、そのことを考えます。

凶悪な犯罪を犯した少年は、確かにゆるされない人間ですが、その少年たちの生い立ちを知らされると、「お前が悪い」と一方的には言えない、と教誨師《きょうかいし》を務める牧師から聞いたことがあります。

わたしが幼稚園の園長、理事長をしていたとき、スクールバスを購入する際に、保証人としてハンコを押しました。転任後、二〇〇万円を超える請求書が届きました。結局、自動車販売業者にだまされたのですが、わたしは高い授業料を払ったと考えることにしました。

写真店で働いていたとき、二回、詐欺の被害に遭いました。二度目は、銀行員を装っていました。そのすぐ後に、お母さんと妹さんが、血相を変えて謝罪にやって来られました。その人たちにお金が返せるあてはありませんでしたが、身内に犯罪者を持つ家庭の惨めさを肌で感じました。もっと凶悪な犯罪者、例えば、殺人犯を家族に持つ人たちはどういう気持ちで毎日を過ごしているのだろうかと思います。

復讐したい思いが湧いてくるというあなたの気持ちはよくわかります。ゆるせない。そのとおりです。

でも相手と同じ土俵で戦っていったいどうなるのでしょうか。復讐心を持ったままで毎日を過ごすことは、あなたのようにやさしい人には似合いません。パウロは、ローマの信徒への手紙の中で、「愛する人たち、自分で復讐せず、神の怒りに任せなさい。『「復讐はわたしのすること、わたしが報復する」と主は言われる』と書いてあります」（12・19）と記しています。すべてをご存じのお方に任せよう、わたしは、そう思うことにしました。

パウロは、別の手紙に、「あなたがたは、信仰のない人々と一緒に不釣り合いな軛《くびき》につながれてはなりません」（Ⅱコリント6・14）と書いています。相手をゆるせないで苦しむ人間であり続けるのは、つらいことです。不釣り合いな軛につながれていると、心身共に変調が生じます。

*

わたしたちは、ゆるせない人間にとどまるのではなく、ゆるすことのできる人間へと、神の力によって変えられて行きます。わたしたちは、「我らに罪をおかす者を　我らがゆるすごとく、我らの罪をもゆるしたまえ」と祈るよう求められています。この祈りをお求めになるのは御子イエスです。

そのお方は、わたしたちの罪のために、十字架への道を歩まれました。わたしたちの罪をゆるすために、あえて苦難の道を辿《たど》られたのです。

わたしたちの歩みを振り返るとき、自分は常に正しかったと言いきれない部分がありま す。自分では気づかないうちに、人に大きな傷を与えていたということもあります。それ 以上に、胸に手を当てると、絶対者なる神にずいぶん罪を犯してきたと言わざるをえませ ん。しかしその罪を神はゆるしてくださるのです。

神は、自分はまちがっていないと言い張るヨブに対して、「これは何者か。知識もない のに、言葉を重ねて、神の経綸《けいりん》を暗くするとは」(ヨブ記38・2)とお語りになりました。 「経綸」とは、「国を治めととのえること」を言いますが、「人類救済の計画」と言ってよ いでしょう。あなたを含め、わたしたちすべてが、神の救いの計画の中に置かれていると いうのは、何とすばらしいことでしょうか。人間の世界だけに目を配るのではなく、全宇 宙をつかさどっておられる神が共にいて、あなたを守っていてくださることを忘れないで ください。そのお方に目を注ぐとき、相手をゆるせないで苦しんでこられたあなたの心に、 平安が満ちるのではないかと思います。あなたの新しい歩みの上に、主の豊かな慰めがあ りますようにと祈ってやみません。

(日本基督教団無任所教師)

主の祈り　9　我らをこころみにあわせず、悪より救い出《いだ》したまえ

悪には自力で戦えない　犯罪カウンセリングの経験から

藤掛《ふじかけ》　明《あきら》

「我らをこころみにあわせず、悪より救い出したまえ」。この祈りは「無責任」にも感じるかもしれません。自ら悪に立ち向かっていくべきなのに、神さまに任せてしまうなんて、と。しかし私は、この祈りは悪のリアリティ、悪の力の大きさを正しくつかんでいると思います。悪の強力さ、それを私は仕事の中で実感してきました。

私は、臨床心理士として犯罪を犯した人のカウンセリングを担当することがあります。

それも信仰を持ちながらも犯罪の道に進んでしまった方の場合もあって、人が善を求めながらも「悪」と無関係でいられないということをカウンセラーとして考えさせられています。

ここでは、犯罪を犯したAさんとの面接の経験から、人と悪との関係について考えてみたいと思います。

Aさんの事例

Aさんは、五十代の男性ですが、つい最近まで大企業の管理職をしていました。彼は幹部登用の採用区分ではなく就職したのですが、能力もあり、持ち前の努力と人望で出世を続け、同期の幹部登用区分のエリートたちと互角に競ってきました。しかし、四十代になると出世のグループから遅れ始め、先が見えてきました。それでもはたから見れば相当な地位と責任を担っていましたが、次第にAさんは仕事において精彩を欠くようになりました。ちょうど時を同じくして彼は愛人を囲うようになり、豪遊し、また高級マンションを買い与えるなど、尋常ではない出費が始まります。個人の蓄えも、家財も底をつき、ついには会社の金に手を出すようになりました。やがてそのことが発覚すると、妻には離婚され、愛人にもすぐに逃げられ、彼に待っていたのは逮捕と、天涯孤独な人生でした。Aさんは今になってしきりに「なぜあんなことになったのかわからない」と嘆くばかりでした。

Aさんは、努力家でした。どのような状況にも前向きにがんばる人でもありました。愛人問題や会社の金に手を出したことは逸脱していますが、もともとのAさんは、悪を嫌い、善を求める生き方を長年してきたと言えると思います。それでもAさんの生き方や脱線の仕方には、犯罪者一般に通じる姿があります。

◉背伸び・強行突破の硬直した生き方

人の生き方の特徴がもっとも鮮明になるのは、大きな障害に遭遇したときです。人はここで二つの反応を見せます。それは「甘えて、へたり込む」か、「背伸び・やせ我慢をして強行突破する」かです。普通は、どちらの反応も、ケースバイケースで柔軟に選び取っていきます。ところが余裕がなくなると人はどちらかばかりを選択するようになります。

そうなるといろいろな問題が生じるようになります。特に「背伸び・やせ我慢・強行突破」ばかりを選び続けると、極端な場合、その果てに、さまざまな反社会的な問題行動につながってしまうことがあるように思います。

Aさんも、ひたすら背伸び・やせ我慢をし、強行突破を図る人でした。何があっても決して立ち止まることを考えもしませんでした。周囲も気づきにくく、周囲からの助言やサポートも受けられないままに、ますます暴走を続け、脱線していったのです。

◉後悔と悩み

このような背伸び・強行突破型の人は、後悔はするもののけっして悩みません。嘆くのですが本当の反省がないのです。

Aさんは、自らの犯罪をさかんに嘆いていました。しかし、それは「運が悪い」「あのとき、あのことがなければ」といったきわめて表層的な言い訳なのです。自分の本質的なあり方や弱さについては、いっさい目を向けません。

◉その対策

背伸び・強行突破型の人は、何か失敗しても、今度はこれまで以上にがんばることで、現状を打開しようとするので引き返せません。また自分だけを頼りとする感覚が強く、人に相談したり、助けてもらったり、ということもできなくなります。周囲が心配すると「放っておいてくれ」「平気だ」と言い返してきます。

Aさんも雲行きが怪しくなってきても立ち止まれないばかりか、なおのこと先に先にと異性に深入りするばかりでした。そして最後まで誰にも相談することができませんでした。

◉幻想的な解決

それではなぜAさんは、ギャンブルでなく、アルコールでなく、その他さまざまな逸脱ではなく、異性と金銭の領域に脱線していったのでしょうか。それはその人の心の奥にある無力感や劣等感と関係しています。

Aさんは、大企業の管理職でしたが、幹部登用区分の採用でなかったことへの劣等感があり、同期のエリートたちと競い合うことに執着していましたし、負けが決定的となったとき、それは彼の人生の危機となりました。しかし、そこで彼が選んだのは異性だったのです。異性との関係というのは、男としての自信、力といったものに深く関わります。単に性的な欲求といった要素で動くわけではないのです。Ａさんがこれみよがしに大金を使ったのも、異性を支配し、まさに囲うことで、男としての有能な自分、力のある自分を味わいたかったからです。それは仕事上の成功や出世よりもある意味で鮮烈な成功体験、自己拡大感を味わえる体験になりました。しかし、Ａさんの異性関係も、金銭や景気の良い話だけでつながる幻想的なものにすぎなかったのです。

無力感の受容を

Ａさんには根深い劣等感があると指摘しましたが、誰もが、そのような無力感や劣等感を持って生きているものです。そしてそれをバネに良い意味で大きな仕事をする人もいます。ですから無力感、劣等感イコール問題ということではありません。問題なのは、無力感や劣等感を人にはまったく見せようとせず、自覚すらしないままに、やみくもに背伸びをして、強行突破していくことです。その延長にさまざまな問題やトラブルが生じてしまうのです。

私たちはとかく、善と悪は真逆《まぎゃく》の方向にあって、悪に陥るのは悪の方向に心を向けているからであり、善に心を向ける努力をしていけば、多少思いどおりに行かないことがあっても、少なくとも悪の泥沼に陥ることはない、と思いがちではないでしょうか。そういう面もあるにはありますが、実際に多いのは、善に向かってがんばって邁進《まいしん》しようとする人が、背伸びややせ我慢、強行突破の硬直した生き方に陥り、自分の息切れに鈍感になってしまうことで脱線し、ある日突然、悪の道に入ってしまうことです。

ですから、逆説的になりますが、人が悪から離れているためにできる努力というのは、善に向かうための力を養うことではなく、自分の無力感や劣等感を自覚し受け入れ、自力で何もできないことを認めることに尽きると思います。

主の祈りでは、「悪に打ち勝たせたまえ」とではなく、「悪から救い出したまえ」と祈ります。まさに、悪に打ち勝つための最大の秘訣が、悪には自力で戦えないことを認めることである点をよく表していると思います。

人は自分の弱さを多少とも認めることができると、生き方が驚くほど大きく変わります。第一に、良い意味で開き直って「こんなにも弱い自分だけれど、これでやっていくしかない。ダメな自分なりにがんばればよい」という姿勢になり、背伸び・強行突破の生き方が弱まっていきます。そしてこの心理的体験は、霊的な世界にも、すなわち私たちが自分の罪を言い表すなら罪がゆるされる（Ⅰヨハネ1・9）という贖罪《しょくざい》信仰につながっているのだと思います。

交わりがあってこそ

人が自分の弱さを認められると、第二に、自分だけを頼りとする姿勢も弱まるために、余裕ができ、他人に真の関心を抱けるようになります。人との対等な関わりの中で学ぶことも増えていきます。

悲しいことですが、熱心な信仰者が、同じ失敗を続けたり、不祥事を起こしたりすることがあります。使命感に邁進するなかで、使命感が暴走し、変な言い回しになりますが、信仰よりも、自分が思い描いている使命感が優先するようなことが起きてしまうのです。このようなとき、その信仰者は共感性が欠落しています。神に根ざした使命感を抱き続けられる人というのは、やはり逆説的になりますが、状況をよく観察・把握し、周囲の人々の思いに敏感であって、孤高の人ではありません。

人は、他者との深い交わりがあってこそ、その中で無力感や劣等感をより深く自覚し、受容できるようになるのです。

主の祈りも、「我らを……悪より救い出したまえ」となっています。私たちは交わりのなかで、この祈りをなすとき、深く本質的なところで、本当に悪より救い出されることになるのだと思います。「だから、主にいやしていただくために、罪を告白し合い、互いのために祈りなさい。正しい人の祈りは、大きな力があり、効果をもたらします」（ヤコブ5・16）。

（聖学院大学心理福祉学部教授）

主の祈り　10　国とちからと栄えとは　限りなくなんじのものなればなり。アーメン。

すべての栄光と支配と権威を「父」に帰す

平岡仁子《ひらおかひろこ》

「一瞬の神様」　深川常雄　作

人間は神様になれない。
でも自分をすっかり放擲《ほうてき》した一瞬だけ
神様になると思う。

10　国とちからと栄えとは　限りなくなんじのものなれぱなり。アーメン。

車椅子《いす》を抱えてくれた青年。
信号下で私の甥《おい》も車椅子よと
微笑《ほほえ》んだおばさん。
車椅子って一瞬の神様たちと出会う、
恵みの指定席なのかもしれない。

（「ＮＨＫハートで描く心のメッセージ展」入選作）

この詩は私の兄であり、信仰の先達《せんだつ》であった故深川常雄の作品です。兄は進行性筋ジストロフィーという難病をもって生まれ、二〇〇一年の春、召天しました。兄は日一日、真綿で首を絞められるかのように進行してゆく病との闘いの中でこの詩を書きました。しかしこの詩には悲しみの中から湧《わ》き上がる希望があります。

この地上に生きるかぎりキリスト者もまた、さまざまな苦しみから決して逃れることはできません。病、死、憎しみ、不和、戦争、飢餓……。悲しみ、苦しみがキリスト者たちに容赦《ようしゃ》なく襲いかかります。けれど、にもかかわらずそこには誰も、そして何をも奪い取ることができない喜び、平安、希望があります。なぜなら、キリスト者はイエス・キリストによって実現された神の国に、すでに生きているからです。

主の祈り、それは初陪餐で初めて許された祈り

主の祈りの最後にくるのはドクソロジー（頌栄）と呼ばれる神の栄光を称える祈りです。私たちはここで最初に祈った「天にまします我らの父よ」で始まる主の祈りを祈る幸いを知ることになります。

頌栄は、私たちが幼子《おさなご》のように神に信頼し、この地上から深い嘆きをもって祈った祈りが聞き届けられ、神の国が今ここにあることを感謝する祈りです。なぜなら私たちが「アッバ、父よ」と呼びかけ祈ったお方に、すべての栄光と支配と権威を帰するからです。

紀元四世紀、主の祈りは復活前夜祭に受洗する人々の準備教育の中で教えられました。教育は洗礼式の前と後になされ、一連の教育の最後に主の祈りについて教えました。受洗者たちは主の祈りを心で学び、洗礼式に引き続いてなされた初陪餐の聖餐式において、初めて主の祈りを祈ることを許されたのでした。

10　国とちからと栄えとは　限りなくなんじのものなればなり。アーメン。

マタイ福音書においても、ルカ福音書においても、主の祈りはイエスさまが弟子たちに祈りを教える場面に出てきます。

マタイ福音書6章は子どもの時からすでに祈りに親しんでいる人々、ユダヤ人のキリスト者の読者に教えます。またルカ福音書11章は祈りについて初めて学ぶ人々、異邦人のキリスト者の読者に教えます。

ユダヤ人のキリスト者は律法学者や、ファリサイ派の人々の祈りとは異なる、新しい祈りを教えられます。人にみせびらかすためにではなく、扉を閉めたところで、また異邦人のようにではなく短い言葉で祈ることを。初めて学ぶ異邦人のキリスト者は、祈りとは何かを教えられます。諦《あきら》めずに祈り続けること、祈りは必ず良い物を与えてくれる天の父によって聞き届けられると。

二つの教えの背景は異なります。しかし二つの福音書に共通することは、イエスさまは弟子たちに祈りを教え、主の祈りをお与えになったということです。そしてこの教えは初代キリスト教会が洗礼準備教育として実践していたことでありました。なぜなら「信者の祈り」と呼ばれた主の祈りは、洗礼を受けた人々だけに教えられる祈りであったからです。

頌栄が加えられた意味

しかし、今私たちが祈る主の祈りは聖書の言葉と異なります。私たちが読むマタイ福音書にもルカ福音書にも、主の祈りに頌栄の言葉はありません。では、なぜ、またいつから、主の祈りに頌栄は付け加えられたのでしょうか。はっきり言って、いつ主の祈りに頌栄が加えられたのかわかりません。しかし、ここに一つの可能性があります。

紀元一世紀後半から二世紀初頭に成立したもっとも古いと言われる教会の記録『十二使徒の教訓』に、頌栄を含んだ主の祈りが現れます。信者は日に三度、主の祈りを祈るようにと書かれています。

主の祈りはすでに一世紀後半、信者たちによって日々の生活の中で、規則的に祈られていたのです。聖なる教会の宝の一つとして、主の晩餐と共に主の祈りは、キリスト者たちの信仰を養い育てる大切な祈りでした。そしてその主の祈りに頌栄が含まれていたことは、まさに宝である主の祈りが礼拝の中で祈られてきたことを示しています。

ユダヤ教の祈りは神への賛美の言葉（頌栄）をもって結ばれる習慣をもっていました。

10　国とちからと栄えとは　限りなくなんじのものなればなり。アーメン。

そのため祈祷者は最後に、神を崇《あが》め祈りました。だから初代教会時代、パレスティナの教会で主の祈りを祈る時、試みや、悪からの救いを求める言葉で祈りが結ばれることはありえず、ユダヤ人のキリスト者たちは自分たちの習慣に従い、神を崇める言葉、頌栄をもって主の祈りを結んだのです。

やがて主の祈りが礼拝の中で祈られる度《たび》、頌栄は一定の形を取るようになり、そして主の祈りに含まれたのでした。これはまさに祈りの実践の中で起こったことであり、自然の成り行きと言えるかもしれません。

洗礼によってキリストのものとなった人々は、主の祈りを聖餐式の中で祈りました。その時、ゲツセマネの園で、地上から天に向け、深い嘆きをもって祈られたイエスさまの祈りは、天から地上にもたらされた神の国の祝宴において実現するのです。主の十字架と復活によって成し遂げられた神の恵みを私たちは受け取るからです。

「アッバ、父よ、あなたは何でもおできになります。この杯をわたしから取りのけてください。しかし、わたしが願うことではなく、御心に適うことが行われますように」（マルコ14・36）

私たちが礼拝の中で平和の挨拶《あいさつ》を交わす時、私たちは兄弟姉妹と心から和解します。私たちは洗礼の約束によって自分の罪が赦されていることを感謝します。そしてパンとぶどう酒を受け取る時、その食べ物を分かち合うべき飢えに苦しむ世界の人々を覚えます。「アッバ、父よ」と、神のひとり子だけが祈ることができた親しき祈りは、今、神の子である私たちに与えられています。私たちは神の子として主の祈りを祈ることができる幸いを、どれほど深く感謝しているでしょうか。

幼子が導いた主の祈りの感動

以前、通っていた聖公会の教会で主日礼拝の司式をする機会が与えられました。アメリカではアメリカ福音ルーテル教会と米国聖公会との間で協約が結ばれており、牧師も司祭も教会から召されれば、互いの教会で聖職者として奉仕することができます。そのため、日本福音ルーテル教会の牧師である私もまたそこで奉仕することができたのです。

その教会には聖餐式の初めに子どもたちを聖卓の周りに招く習慣がありました。子どもたちの中には聖卓に背が届かない子どももいます。そのような、やっと一人で歩けるよう

10　国とちからと栄えとは　限りなくなんじのものなればなり。アーメン。

になった幼児から小学生までの子どもたちが司祭の招きに応え、聖卓の周りに集まってきます。そしてそれから司祭は聖餐の感謝の祈りを始めるのです。

パンとぶどう酒を聖別する時、司祭は子どもたち一人一人にそれが良く見えるよう子どもたちの目の前に差し出します。そして主の祈りを唱える時、初めにそこに集まった子どもたちにこう尋ねます。「君たちの中の誰が、主の祈りを導いてくれますか？」

だからその日、司式者の役目を賜《たまわ》った私もまた、司祭に倣《なら》い子どもたちに尋ねました。誰も祈ってくれなかったらどうしようという不安を抱えつつ、「誰が主の祈りを導いてくれますか？」と。すると、私のすぐ横に立っていたアフリカ系アメリカ人の男の子が祈り始めました。「天にまします我らの父よ」、私たち全員はその祈りに導かれ、「み名があがめられますように」と続けて祈りました。

肌の色、国籍、年齢、そしてジェンダーによるいかなる差別もなく、神の前にすべての人が立ち、共に主の祈りを祈りました。私は子どもが祈り始めたとたん、嬉《うれ》しさが込み上げ、喜びと感動のあまり思わずその子どもを抱き寄せてしまいました。

子どもたちの神への深い信頼によって導かれた主の祈りは、私たちを神に「アッバ、父よ」と呼びかけ祈る幼子にしてくれた気がしました。そして主の祈りの最後、声を合わせて祈りました。「アーメン」。それは真実であるようにと。

主の祈りは私たちに神の国を来《きた》らします。まことに愛と平和に満ちた神の国を。その時、私たちは互いに赦し合い、愛し合い、主の祈りを心で学び、身体に刻むのです。

「偉大さ、力、光輝、威光、栄光は、主よ、あなたのもの。まことに天と地にあるすべてのものはあなたのもの。主よ、国もあなたのもの。あなたはすべてのものの上に頭《かしら》として高く立っておられる」（歴代誌上29・11）

（日本ルーテル神学校専任講師、ルーテル保谷教会牧師）

「主の祈り」の祈り方

太田和功一《おおたわこういち》

これまで、私たちは主の祈りの成立や性格について、また、一つ一つの祈りの内容や意味について学んできました。ここでは、私たちがイエスさまに深く結びつき、私たちのあり方や生き方が、よりイエスさまのあり方や生き方に似たものに変えられてゆくために、この祈りを日常生活の中でどう祈ることができるかを見てゆきたいと思います。

福音書にはイエスさまの祈りの姿が多く記されています。ヨハネから洗礼を受けた時ヨルダン川のほとりで、人里離れた所に退いて、山の上で時には徹夜で、群衆の前で五つのパンを感謝して、聖霊によって喜びにあふれて、ラザロの墓の前で、最後の晩餐の席で、ゲツセマネの園で、そして、十字架の上で。弟子たちは、イエスさまが父なる神さまをアッバと呼び、御父との親しい交わりの中に生きておられたことを身近に見てきました。

主の祈りは、主が弟子たちに教えた祈りですが、その内容と意味を学ぶと、この祈りは主ご自身の祈りでもあったことが分かってきます。自分の罪の赦《ゆる》しを求める祈りを除いて、一つ一つの祈りはイエスさまの生き方と深く結びついていました。主の祈りは、「主が生きられた祈り」と言えるでしょう。まさしく《主イエスの命のこもった祈り》（本書22頁）です。この祈りを《主イエスと共に祈り続ける》（30頁）うちに、《イエス・キリストの祈りのうちに自分のすべてが包み込まれる》（36頁）のです。この祈りは、私たちが主イエスと固くつながること（ヨハネ15・4）への入り口、また、「キリスト・イエスの心を心とする」（フィリピ2・5、文語訳・大正改訳）ことへの道となります。

さらに、この祈りは、《「我ら」を一つにする祈り》（36頁）でもあります。時間と空間を越えて「天にまします我らの父よ」と呼びかける神の子供たちを一つに結びつける連帯の祈りです。コロナウイルス感染の世界的な危機のとき、教皇フランシスコの呼びかけに応え、全世界のキリスト者が心を合わせて同じ時刻（イタリア時間で二〇二〇年三月二五日正午）に主の祈りを祈りました。ある人たちは、四〇〇年前の江戸キリシタン殉教者の足跡を辿《たど》って、キリシタンの主の祈り（注1）を唱えながら牢獄から処刑場までの一二キロの道のりを歩いています。中国語、韓国語、タガログ語などアジアの隣人の言葉で主の祈りを覚えて、彼らと心を一つにして祈ることもできるでしょう。

Becoming the Answer to Our Prayer（自分の祈りの答えに自分がなる）と題する本（Shane Claiborne & Jonathan Wilson-Hartgrove, 2008）は、主の祈りを祈ることが、現実の生活とどのようにかかわるかを論じています。そのことは、本書においても取り上げられており、例えば「み名をあがめさせたまえ」と祈ることは、《私たちが神の恵みを正しく知って神をあがめることができるように、そして神のみ名を汚すのではなく、ほめたたえられるために私たちの全生活が用いられるように》（54頁）と祈ることも含まれていると述べられています。作者不詳のまま人々の口から口へと伝えられた「アフリカの視点から見た『主の祈り』（注2）」がありますが、まずこの祈りを読んでから、主の祈りを祈ることを勧める人もいます。主の祈りを心から祈ることは、日常生活でその祈りを生きることであることを忘

れないためです。

マルティン・ルターは、苦境の中にあった友人である床屋のペーター親方を慰め、助けるために、自分がどのように祈っているかを示しながら祈りの方法を教えました（私は英訳版 Martin Luther, *A Simple Way to Pray* を参照しました）。その中に、主の祈りの祈り方も含まれていますが、私たちにとっても助けになることがいくつかあります。

Ⅰ　主の祈りは、主イエスが直接弟子たちに与えられた最高の祈りで、赤ん坊がミルクを慕い求めるように、自分はいくつになってもこの祈りを飲み、食べて飽きることがない。

Ⅱ　主の祈りを、口先で機械的に唱えるだけで、心そこにあらずなら、何千回祈っても何の益もない。自分もかつてはそのような祈り方をしていたが、大切なのは一つ一つの祈りの意味をよく考え、思いめぐらして祈ること。

Ⅲ　一つ一つの祈りの意味について自分が思いめぐらしたことを書いたが、それはあくまでも一つの例としてであって、そのように祈らねばならないことはない。自分もいつもその通りに祈るわけではない。その時その時によって変わる。それぞれが、一つ一つの祈りの意味について自分で思いめぐらして、それを祈ればよい。

Ⅳ　いつも主の祈りの全部を祈る必要はない。その日特に心が動かされる箇所があれば、そこにとどまって、じっくりとその祈りの意味を思いめぐらして、それから出てくる思いを祈ればよい。

私の主の祈りの祈り方も参考までに紹介します。この祈りを通して、自分が「父なる神に愛されている子ども」であるとの自覚が深まること、また、イエスさまの人格と生涯に親しみ、それによって感化されることが私の願いです。主の祈りを七つに分け、毎日、その一つの祈りのイエスさまにとっての意味、そして、今の自分にとっての意味を少しずつ思い巡らしながら祈り、一週間で主の祈り全部を祈ります。週の始めの日は、「アッバ・天のお父さん」の呼びかけだけですが、続く日々の祈りも毎回この呼びかけから始めます。この呼びかけができる恵みの大きさ（本書32頁以下参照）をもっと味わいたいのです。

もう一つの祈り方は、「そもそもエクササイズ」と名づけた修練と結びつけたものです。一日数回、何をしていても、しばし立ち止まって、次の三つの問いを自分に尋ねます。「そもそも、今私は何をしているのだろうか。そもそも、なぜこのことをしているのだろうか。そもそも、何のためにしているのだろうか」。その時どきに自分がしていることの意味や意義、その理由と目的を確認するための問いです。この問いに対する自分の心の答えが見つかったなら、「今していることのことを通しても、御名があがめられますように、御国が来ますように、御心が行われますように」と祈ります。一回一、二分の短い祈りですが、より自覚的に、また、神の御前に生きることができるように願うエクササイズです。朝、昼、夕と日に三回、どこにいても何をしていても、ひととき手を休めて祈る「アンジェラスの祈り」（天使ガブリエルがマリアに受胎告知したことを記念する祈り。「お告げの祈り」とも呼ばれます）や、イスラム教徒が、日に五回、どこにいても決まった時間にメッカに向かって祈る習慣から刺激された祈りです。

この本を何度も読み返し、私たちの心がイエスさまの心と固く結ばれるため、私たちの品性と生き方がイエスさまのそれに似たものに変えられて行くため、そして、「アッバ・天のお父さん」と神を呼ぶ人々との連帯を深めるために、主ご自身が教えてくださった最高の祈りである主の祈りを祈り続けましょう。そして、ルターも勧めているように、主の祈りの一つ一つの意味、特に、今自分が置かれている状況や直面している現実に対する意味を思い巡らす黙想の祈りとして祈り続けましょう。

（クリスチャン・ライフ成長研究会 総主事）


注1 「キリシタンの主の祈り」（海老沢有道校註『長崎版 どちりな きりしたん』岩波文庫より）

てんにましますわれらが御おや御名《み》をたつとまれたまへ。御代《みよ》きたりたまへ。

てんにをひておぼしめすまゝなるごとく、ちにをひてもあらせたまへ。

われらが日々《にちにち》の御やしなひを今日《こんにち》われらにあたへたまへ。

われら人にゆるし申ごとく、われらがとがをゆるしたまへ。

われらをテンタサン（「誘惑」の意）にはなし玉ふ事なかれ。

我等をけうあく（凶悪）よりのがしたまへ。アメン。

注2 「アフリカの視点から見た『主の祈り』」は片柳弘史神父の解説をご覧ください（https://hiroshisj.hatenablog.com/entry/20090305/1236200715）。筆者が少し表現を変えた「アジアの視点から見た『主の祈り』」を次頁に掲げます。

アジアの視点から見た「主の祈り」

もしあなたが、神の息子・娘としての自覚をもって生きていないなら、神に「父よ」と心から言えますか？

もしあなたが、〝わたしが……わたしの……わたしに……〟と、自分のことしか考えず自己中心的な生き方をしているなら、「わたしたちの父よ」と心から言えますか？

もしあなたが、この地上のことばかりを考え、追い求めているなら、「天におられる父よ」と心から言えますか？

もしあなたが、自分の名誉や評判のことしか考えていないなら、「御名があがめられますように」と心から言えますか？

もしあなたが、自分が成功することや、自分の権力や影響力、また、自分の支配やコントロールが増すことを求めているなら、「御国が来ますように」と心から言えますか？

もしあなたが、物事が自分の思いどおりになることや、自分の気に入ったことが実現することばかりを求めているなら、「御心が行われますように」と心から言えますか？

もしあなたが、貧しい人々のことを考えず、彼らの必要のために何もしないなら、「わたしたちの日ごとの糧を今日もお与えください」と心から言えますか？

もしあなたが、兄弟姉妹を赦そうと願わず、彼らに対する憎しみを抱いているなら、「わたしたちの負い目をお赦しください」と心から言えますか？

もしあなたが、誘惑にあうようなところにわざわざ身を置いているなら、「わたしたちを試みにあわせないでください」と心から言えますか？

もしあなたが、悪の逆である善のために生きようとしないなら、「わたしたちを悪からお救いください」と心から言えますか？

もしあなたが、主の祈りの一つ一つのことばを、真剣に受け取っていないなら、「アーメン」と心から言えますか？

初出一覧

はじめに……書き下ろし

「主の祈り」とは　1……『信徒の友』2008 年 4 月号

「主の祈り」とは　2……2008 年 6 月号

天にまします我らの父よ……2008 年 6 月号

み名をあがめさせたまえ（佐藤　泉）……2008 年 6 月号

み名をあがめさせたまえ（張田　眞）……2008 年 6 月号

み国を来らせたまえ……2008 年 9 月

みこころの天になるごとく、地にもなさせたまえ……2008 年 10 月号

我らの日用の糧を、今日も与えたまえ……2008 年 11 月号

我らに罪をおかす者を（茂　洋）……2009 年 1 月号

我らに罪をおかす者を（大島純男）……2009 年 1 月号

我らをこころみにあわせず、悪より救い出したまえ……2009 年 2 月号

国とちからと栄えとは……2009 年 3 月号

「主の祈り」の祈り方……書き下ろし

信仰生活ガイド
主の祈り

2020 年 5 月 22 日　初版発行
2021 年 7 月 30 日　再版発行

編　者　林　牧　人
発　行　日本キリスト教団出版局
169-0051　東京都新宿区西早稲田 2 丁目 3 の 18
電話・営業 03（3204）0422、編集 03（3204）0424
https://bp-uccj.jp

印刷・製本　三松堂

ISBN 978–4–8184–1061–9　C0016　日キ販
Printed in Japan

日本キリスト教団出版局の本

信仰生活ガイド　全5巻

わたしのこれらの言葉を聞いて行う者は皆、岩の上に自分の家を建てた賢い人に似ている。
（マタイによる福音書7章24節）

聖書は、今こそ、信仰という揺るがぬ「岩」に「自分の家」を建てなさい、とすすめます。本シリーズによって、神さまを信じる喜びと心強さを再確認し、共に新しく歩み出しましょう。

——*——

主の祈り　林　牧人　編　（128頁、本体1300円）

十　戒　吉岡光人　編　（128頁、本体1300円）

使徒信条　古賀　博　編　（128頁、本体1300円）

教会をつくる　古屋治雄　編　（128頁、本体1300円）

信じる生き方　増田　琴　編　（128頁、本体1300円）